拓宽视野 走向卓越

共学共享理念引领下的
教师成长录

黄佩华 主编

民主与建设出版社

·北京·

图书在版编目（CIP）数据

拓宽视野 走向卓越：共学共享理念引领下的教师成长录 / 黄佩华主编. — 北京：民主与建设出版社，2020.9

ISBN 978-7-5139-3198-4

Ⅰ.①拓… Ⅱ.①黄… Ⅲ.①中小学—师资培养②幼教人员—师资培养 Ⅳ.①G635.12②G615

中国版本图书馆 CIP 数据核字（2020）第170852号

拓宽视野 走向卓越：共学共享理念引领下的教师成长录

TUOKUAN SHIYE ZOUXIANG ZHUOYUE GONGXUE GONGXIANG LINIAN YINLING XIA DE JIAOSHI CHENGZHANGLU

主　　编	黄佩华	
责任编辑	刘　芳	
封面设计	言之凿	
出版发行	民主与建设出版社有限责任公司	
电　　话	（010）59417747　59419778	
社　　址	北京市海淀区西三环中路 10 号望海楼 E 座 7 层	
邮　　编	100142	
印　　刷	北京政采印刷服务有限公司	
版　　次	2022年6月第1版	
印　　次	2022年6月第1次印刷	
开　　本	710 毫米×1000 毫米　　1/16	
印　　张	16	
字　　数	288千字	
书　　号	ISBN 978-7-5139-3198-4	
定　　价	45.00 元	

注：如有印、装质量问题，请与出版社联系。

编 委 会

一辈子学做老师

（代序）

　　黄佩华老师的书稿《拓宽视野　走向卓越——共学共享理念引领下的教师成长录》即将出版，她嘱我为之写序，我倍感荣幸与欣慰，便欣然答应。

　　与黄佩华老师初次认识，是缘于2018年11月肇庆学院省级中小学教师发展中心举办的"广东省名师工作室入室成员培训"项目活动，当时我有幸被选定为名师工作室的高校指导专家，黄佩华名师工作室就是我对接与服务的对象之一。在培训活动结束的当天，我与黄老师进行了短暂的见面与交流，感觉到她很知性、优雅、谦虚又热情，充满亲和力。而后，应黄老师恳切邀请，我参加了2018年12月13日黄佩华名师工作室的揭牌仪式，并为工作室的年轻学员们做了一次学术讲座。在交流活动中，黄老师与工作室青年教师们脸上洋溢着的那种朝气蓬勃、团结友善、虚心向学的精神深深地感染着我，使我对名师的内涵与魅力多了几分感悟，对新时期名师工作室建设的价值与意义有了更深的理解。

　　教育需要名师。清华大学老校长梅贻琦先生曾经指出："大学者，非谓有大楼之谓也，有大师之谓也。"这句话适用于所有的教育，它精辟地阐明了大师的意义所在。倘若翻开中外教育发展的历史，我们便可以发现，古今中外的教育家群星璀璨，熠熠生辉。他们的教育思想与改革精神如同茫茫大海中一盏盏耀眼的塔灯，引领着人们不断去思考教育、改革教育，为社会发展培养一批批有用的人才。因此，从某种意义上讲，不同时期教育家或名师就是引领与他同期甚至今后的教育发展的一面旗帜。即便是在当下的教师专业发展的语境下，名师的教育价值与示范效应依然是社会各界人士的基本共识。具体而言，新时期的名师应是教书育人的模范、教学和科研的能手，具有较强的专业引领、培训指导和组织协调能力。名师工作室主持人要通过言传身教帮助成员提升学识水平和师德修养，增强职业认同感和荣誉感；通过组织学员上示范课、专题讲座、教学研讨等形式，发挥教学示范和辐射作用，促进当地中小学教师专业成长。

教育需要合作。联合国教科文组织在《教育——财富蕴藏其中》中指出了未来教育的四大支柱（理念），其中之一便是学会共同生活。这种教育合作理念体现在当前的教师培养上，便是名师工作室建设。名师工作室建设是教师基于共同教育愿景或发展目标的合作组织模式，是新时期促进教师专业发展的有效途径之一。美国当代杰出的组织理论、领导理论大师沃伦·本尼斯（Warren G.Bennis）认为："在人类组织中，愿景是唯一最有力的、最具激励性的因素：它可以把不同的人联结在一起。"并且，"群体——乃至所有组织——只有在一种人人都愿意并且能够相互信任的开放气氛中才能有效地运作。"这两句话深刻地点明了名师工作室建设的关键之处。考察新时期众多的名师工作室，我们也发现它们所具有的共性特征中，其中之一就是工作室成员之间基于共同教育愿景的合作学习与协同发展。可见，一个人能走多远，看他与谁同行；一个人有多优秀，看他由什么人指点；一个人有多成功，看他与什么人相伴。名师工作室的建设应有之义就在于通过构建教师学习共同体或发展共同体，在名师的指点、陪伴、同行下，培养教师队伍更多优秀的、成功的"后浪"，有效推动各省市区域基础教育优质均衡发展。

黄佩华老师的名师工作室建设时间未足三年，但取得的建设成果颇为丰硕，影响力远远超出江门市的教育区域范围。究其秘诀，我发现黄老师对工作室的建设从顶层理念设计到具体实施步骤都有着系统而清晰的思考。从书稿内容呈现的信息看，黄老师能够科学地洞察工作室建设内在逻辑：引领是关键，发展是核心，研究是内涵。因此，秉承工作室"共学、共享、共行、共长"理念，围绕实现"骨干教师成名"和"名教师更出名"的双名目标，遵循"引领、发展、研究"的建设逻辑，运用"八项任务驱动，整体整合推进"的模式，在近三年里，工作室积极组织开展阅读交流、课例研究、课题研究、论文撰写、论坛沙龙、送教送培等各种活动，取得了显著的建设成效，促进了工作室青年教师的专业化发展，提高了区域基础教育的质量水平。

从书稿《拓宽视野　走向卓越——共学共享理念引领下的教师成长录》的阅读体会看，我认为它具有三方面的重要特点：

一是理念新。名师工作室建设离不开科学的指导思想引领，不同名师工作室建设的指导思想因人而异，百花齐放。从书稿内容看，黄佩华名师工作室将"共学、共享、共行、共长"确定为建设理念，既继承了中国传统教育教学相长的思想精髓，又吸纳了现代教育倡导的合作、协同等发展理念。以"共"为核心与基础，以"学、享、行、长"为过程与结果表现形式，科学地反映出工作室教师们的成长模式与逻辑路径，生动地阐明了"成长如同你我他之间的一次有意义的探索旅行"。同时，黄老师也结合语文学科特点与语文教师发展特点，提出了"让语文更出色、因语文而出色"的教育愿景，深刻地揭示了语文教学与教师成长之间相辅相成、辩证发展的关系，非常具有创新之意。

二是内容丰。黄老师名师工作室建设的时间未满三年，但取得的建设成果如此之丰硕，这当然离不开她与工作室团队兢兢业业、扎扎实实的工作。从书稿内容编排结构看，全书分为上、中、下三篇，即上篇"整体部署——工作室建设规划"，中篇"共学共享——工作室研修结硕果"，下篇"工作室影响力"。其中，每篇又精选了与之相应的具体的内容，如中篇"共学共享——工作室研修结硕果"就精选了工作室团队教学论文、教学设计和课题研究成果等；下篇"工作室影响力"在"活动掠影"部分生动地记录了工作室开展的阅读交流、课题研究、学术报告、送教送培等活动，"工作室影响力"部分则选录了报刊关于工作室建设经验及主持人访谈的文章。可见，全书从工作室建设规划、工作室研修硕果到工作室影响力都有翔实的内容材料介绍，并且层次分明、点面结合、浑然一体。

三是方法实。俗话说"条条大道通罗马"，名师工作室建设的方法或模式不应千篇一律，而应是百家争鸣、百花齐放。黄佩华老师在书稿中呈现出来的名师工作室建设的"八项任务驱动，整体整合推进"方法与模式，称得上是百花齐放中璀璨夺目的一枝独秀，具有高效实用之美誉。从具体内容看，"八项任务驱动"涉及个人成长规划、读书、上课、讲座、研究、课程资源开发等内容，它们是教师专业发展的工作常态与提升路径；"整体整合推进"则意指每一学年均按照"五阶段、八结合"的培养要求，通过"诊断、提升、成才"

的三个环节，形成阶梯式成长模式。根据诊析目标和能力提升要求安排研修课程和实践项目，使培养对象在三年内各项能力能够得到稳步、有序的提升。实践证明，工作室成员在"八项任务驱动，整体整合推进"的模式下，"共学、共享、共行、共长"的意识不断增强，学术视野得到拓展，教学与科研能力显著提高，教师在区域的教育教学影响力不断扩大，有效地实现了"骨干教师成名"和"名教师更出名"的预期目标。因此，书稿中介绍的"八项任务驱动，整体整合推进"方法与模式是高效实用的，对推进当前名师工作室建设具有积极的参考借鉴意义。

此外，书稿的行文语言表达优美流畅，具有生动性和感染力，可读性很强。

教育永远在路上，"路漫漫其修远兮，吾将上下而求索"。名师的成长亦如此。在黄佩华老师书稿即将付梓之际，作为工作室建设的一名高校指导教师，我既表祝贺，又希望以全国著名的语文特级教师、"人民教育家"国家荣誉称号获得者于漪老师的名言"一辈子做教师，一辈子学做教师"与黄老师共勉。最后，衷心祝愿黄佩华老师及工作室成员在名师成长路上越走越顺利，祝愿其名师工作室建设工作百尺竿头再创辉煌！

上述所感所言，是为书稿之序。

曾　毅

2020年5月17日中午于肇庆

"实"字当头，"做"而论道
——探寻岭南特色名师工作室建设之路
（自序）

很多人对广东人的评价，都离不开一个"实"字——实干、务实、实在、老实……而追求实在、实干、实用、实效的育人效果，是我建设岭南特色名师工作室的宗旨。"活、严、清、准"是我工作室运作的四字真言。

一、用人之道——追求团队组建的"活"

万事由人起，团队建设最重要，工作室团队建设做好"三个活"。

1. 读活文件

"事在四方，要在中央。"（《韩非子·扬权第八》）省厅和财厅发布的五大文件就是这个"要"。工作室成员团队，尤其是主持人，应逐字研读，将之作为行动纲领、诸事的指南。

2. 灵活选人

广东省新一轮名教师工作室成员设有工作室助理、高校专家、教研员、技术专家四个岗位，主持人根据实际情况选择合适的人才。以本工作室助理的选定为例，2018年成为主持人的时候，我当时所在的校区只设有一、二年级，经过综合考虑，我把助理人选定在我们最大的校区，经过和学校领导的充分沟通，工作室也设立在资源最丰富的这一校区。两年的骨干学员跟岗研修及日常的常态培养证明，这是可行且非常顺利的。

3. 活化设岗

主持人还可以根据实际情况，灵活设立岗位。比如，本工作室曾设特邀指导专家——以本地区的专家为主；工作室协管员——因为跨校区工作，且学校新教师很多，借此机会培养年轻人，协管员一般是做一些技术含量不算很高但是需要时间成本投入的工作；组长、副组长——学校正、副校长等行政岗位。让每一个做事的人名正言顺，工作室就容易运转了。

二、导人之道——追求制度建设的"严"

"法治兴则国兴"，依法治国的理念体现在工作室工作上，就是依照制度来严格管理：

1. 立制严谨

省教厅颁发了有关工作室管理的各项文件，是制定工作室个性化管理制度的重要依据。主持人应充分研读文件通知精神，也应向有丰富经验的主持人取经，使工作室的制度细而全。让制度上墙，通过制度管理，阶段落实八项任务，全程落实《学员手册》，全程执行《管理制度》。

2. 守制严肃

"把小事做极致就是不平凡"——在培训期内，主持人要把制度学习当作头等大事来抓。首次学员跟岗，就要认真学习制度——知道研修任务有哪些，通过什么渠道完成，最终要达到什么目标。

学员的跟岗作业，主持人要安排好教学助理负责跟进整理：何时交，质量、数量，都要有登记，并且及时发布。主持人要重视学员的成果作业，要认真批阅学员的作业，给出修改建议。特别优秀的学员作业作为讲评辅导的重要素材，促进学员素质整体提升。学员提交的作业，要作为工作室评选优秀学员的重要量化指标。

只要是工作室举行的活动，都应给参与活动的学员颁发证书；然而讲人情的证书，是绝对不能有半张的，这是主持人一定要坚守的底线，也是工作室品牌含金量的保障。

三、运财之道——追求经费管理的"清"

经费的使用情况折射出工作室运作的密度和效度。

1. 经费多少心中清

主持人要与学校财务人员密切沟通。清楚各级教育行政部门划拨的经费分别有多少，何时到账。年初做好经费预算计划，年终做好总结。清楚每一笔开支。

2. 一年用完及时清

根据各级经费到账的时间，合理使用。以本人工作室为例，我们更多的是做雪中送炭的工作——腾出更多的时间主动送课送培到比较边远落后的地区，把培训资源送到最紧缺的地方，和市、区级工作室形成互补。

3. 心无贪念两袖清

工作室经费的独立开支，赋予了主持人更多的经费使用自主权。主持人应坚持清清白白做工作，正所谓："不请、不送、不拍、不谀，无官何惧？宜勤、宜俭、宜清、宜廉，为仆欣然！"

四、育才之道——追求研修培养的"准"

1. "准"，体现在两个方面

（1）培养目标定位要准。工作室定位：①是名师展示的舞台、骨干培养的基地，是教学示范的窗口、科研兴教的引擎、教育改革的论坛，是集教学、研究、培训于一体的研修共同体；②工作室要整合多方教育资源，协调各方关系，统筹资源，发挥成员优势，根植项目研究，促进工作室所有人共同发展。

（2）入室学员情况研判要准。对学员的入室申请书进行归表整理，指导学员制定三年发展规划，实行"缺啥补啥精准培养"。全方位了解学员的情况，有助于给予学员更精准的帮助。在第一次研修期间，主持人就可以和每一个学员进行个别访谈，了解学员的家庭和工作情况。我工作室一个学员在跟岗期间，父亲突然中风入院。因为之前就知道她是独生女，其父母年纪不大，但身体一向不好。所以得知这一情况后，我灵活安排她的跟岗时间和任务，还去慰问她的父亲。学员和家属都很感动，这名学员本身就优秀，在后来的跟岗中，表现得就更积极了。

2. "准"，落脚点放在三个方面

（1）做好外显文化的"雅"：工作室是学员跟岗研修学习的主阵地，硬件建设是工作室的外显文化。主持人要把握标准和尺度，忌华而不实，也不能过分简陋。以"雅"为佳，工作室制度、工作室标识、工作室软文化（理念、宗旨、课程等）、团队等，统筹设计。简洁、美观、雅致的研修环境，会让跟岗学习成为美好的学习之旅。

（2）坚实内涵文化的"信"：工作室应有内涵文化。工作室定立鲜明的工

作理念，设计有富含寓意的工作室标识，有鲜明大气的育人目标，有一套行之有效的培养模式，有丰富的资源保障，有积极美好的工作愿景。这些，都使工作室因拥有内涵而产生自信。

（3）倡导行为文化的"谦"：①倡导"谦和"的同侪文化。以本工作室为例，主持人和学员之间彼此以伙伴相称，每一个人都是导师，每一个人都是学员。每一个人都将在研修学习中达到"1+X"的研修效果。有人说，教师必须要有一桶水，才能够给予学生一滴水。作为主持人，应把"敢担当、勇奋斗、善作为"当成工作坐标。每一次的跟岗研修，提前做好活动策划，开好文化餐单，让学员吸收饱，锻炼好。同时，主持人也不必等到有一桶水，才去给学员一滴水。青出于蓝能够胜于蓝，长江后浪可以推开前浪，这个社会才会不断前进。记得在上海举办的全国小学语文暑期"卓越教师培养工程"深度研习营，受主办方邀请，本工作室所有成员就联袂过了一次大会主持瘾。幕后是工作室一个团队，幕前主持，我们推选了学员吕洽源担任。在这次活动中，所有学员都得到了一次很难得的锻炼。②倡导谦恭的沟通文化。工作室策划组织活动，做报备、走流程、搞报销，跟不同部门的人打交道是少不了的，工作室倡导一种谦恭的沟通文化。尽量以选择题的方式进行咨询，不要出现因为自己的懒惰、无知，不想研读文件，而增加别人的麻烦的情况。③倡导谦虚的研修文化。学然后知不足。工作室研修设计有以下这些指定动作：第一，阅读积淀。工作室建立三个阅读圈，即"语文阅读圈""教育科学阅读圈"和"思哲文化阅读圈"。带动学员阅读著作，并作读书笔记与读后感。工作室给学员送书；研修时安排读书交流会，读书涵养了学员的气质与底蕴。第二，基本功常常练。粉笔字、硬笔字、毛笔字，字字不离手；朗读、吟诵、对对联，范范不离口。练同题下水文，还练学生试卷。学员之间、主持人与学员之间相互带动。第三，课题研究。工作室可以根据学员水平选择"大一统主题"齐步走的模式，或者是"主持人课题引领下的主题群"模式，选用何种模式，需要考虑兼顾工作室研究方向与学员的个人发展特长。第四，游学取经。别人的风景就是自我改进的最好风暴圈，每一次出发都要围绕一个观察学习的主题进行研讨。第五，教学实战。赛场就是训练场，主持人要支持学员参加各项教学比赛，组成备课智囊团一起研课磨课，赛后一起评课议课。第六，送课送培。送课送培，示范辐射，是第二个训练场。工作室学员的素质不一样，工作室在策划安排送课展示活动时，做到让每一个学员都有展示和锻炼的舞台。展示能力比较一般的学员，加大课前磨课的力度，同时会被安排到规模比较小一点的展示舞台，减轻其心理压力。展示能力较强的学员，就把更高更大的平台搭建出来，让他们得到更好的锻炼。第七，带徒上岗。工作室创造机会让学员成为导师——一个是结对乡村教师，每个省骨干学员带一到两名乡村结对教师，当他们的导师。此外，在接收省培项目的时候，工作室学员变身为实践小导师，上示范课，和受训学员备课、磨课，一起评课议课。在这样大的平台上锻炼，收获是很不一样的。

追求无我、利他的工作境界，"实"字当头，"做"而论道，我认为这是具有岭南人特色的名师工作室文化。

［本文根据广东省新一轮（2018—2020年）幼儿园中小学名教师、名校（园）长工作室主持人高峰论坛发言整理］

上 篇 整体部署——工作室建设规划

中 篇 共学共享——工作室研修结硕果

下 篇　工作室影响力

上　篇

整体部署
——工作室建设规划

工作室学员手册

一、指导思想

坚持党的教育方针，根据《广东省"强师工程"实施方案（2017—2020）》（粤教师〔2017〕8号）、《关于加强"十三五"广东省中小学教师培训工作的意见》（粤教继函〔2017〕27号）、《广东省教育厅、广东省财政厅关于中小学名教师、名校（园）长工作室的管理办法》（粤教继函〔2018〕19号）、《广东省教育厅办公室关于印发广东省中小学名教师、名校（园）长工作室工作指南的通知》（粤教继办函〔2018〕48号）、《广东省教育厅办公室关于核补广东省新一轮（2018—2020）中小学幼儿园名教师、名校（园）长工作室团队与培养对象信息的通知》（粤教继办函〔2018〕49号），按照科学发展观的原则，坚持以人为本，优化与共享教育资源，为我省培养在基础教育改革和发展中能够发挥示范和引领作用的小学语文骨干教师队伍。

二、培训目标

1. 总目标

发挥工作室团队的示范、引领、指导和辐射作用，从学科、学校、学员的实际出发，开展工作室骨干教师跟岗培养工作，促进跟岗教师专业成长，提升教师专业素养，实现"骨干教师成名"和"名教师更出名"的"双名"目标，同时助推本地区教育优质均衡发展。

2. 具体目标

通过培训，提升跟岗骨干教师的职业道德水准，优化教师知识机构，提炼教师教学风格，提高科研意识与科研能力。具体如下：

（1）依据《广东省中小学名教师工作室建设与管理方法》的相关要求，指导跟岗教师开展教育理论，新课标、新教材的学习和研讨，提高教师的学科教学能力和教学研究水平。

（2）结合本工作室团队的资源，并积极开发优质培训资源，开展培训研修活动。研修以常态课为主，围绕课堂教学中存在的问题，通过导师的指导与示范，跟岗教师的课堂观摩、课堂实践和教学反思，努力提升跟岗教师的教育教学水平，实现"让骨干教师成名，名教师更出名"的"双名"目标，有效推动培养对象的专业成长，力求在跟岗学习的十天内实现工作室成员和研修人员的专业成长和专业化发展，在学校和本地区产生辐射作用，成为学校和本地区教学的指导者和引领人。

三、培训方式

1. 以课题研究为引领

以课题研究为引擎，与高校联手，指导学员规范地开展课题研究。

2. 实施"教研训一体化"

采取共读教育专著、独立备课、集体议课、专家诊断、案例反思等环节进行培训，帮助学员提升理论修养，滋养教学智慧，提升课堂教学能力。

3. 开展"跨校同侪教研"

本着"让骨干教师成名，名教师更出名"的宗旨，拓宽交流研讨的空间，立足本市，与市内名校建立培训交流网络，为学员搭建学习和发展的平台。

4. 体现同伴互助

学员和导师、学员和学员通过平等交流、合作研究、相互讨论等多样化的方式，实现共同发展的目标。

5. 建立成长档案

教师的发展与成长是工作室的最终目标，只有建立健全成长记录，才能够全面、客观、科学地分析和评估教师的成长过程和培训效果。

6. 寻求特色发展

帮助学员全面客观地审视教学情况，建立成长计划，明确成长方向，帮助学员形成自己的特色和风格。

四、培训团队

1. 工作室特邀指导专家

吴忠豪：上海师范大学初等教育系原主任教授

杨建国：广东省教育研究院教学教材研究室教研员

黄淑琴：广东第二师范学院中文系教授

张　燕：广东省外语艺术职业学院公共管理学院院长

姚　颖：北京师范大学教育学部副教授

2. 工作室成员团队

曾　毅：高校专家、肇庆学院教授

陈惠莺：江门市蓬江区教育局教研室小学语文教研员

唐玉艳：技术员、江门市范罗冈小学教师

杨秋玲：工作室助理、江门市范罗冈小学副主任

唐倚仪：工作室助理、江门市范罗冈小学科长

邓慧雯、邱素容：工作室协管员、江门市范罗冈小学教师

3. 入室学员

学员表

梁华剑	恩平市横陂镇中心小学
李清清	台山市李星衢纪念学校
梁款娟	开平市三埠街道办事处达德小学
梁小柳	鹤山市沙坪街道镇南小学
陈添盛	江门市江海区礼乐街道新联小学
李兰英	江门市鹤山沙坪街道第一小学
杨秋玲	江门市范罗冈小学
郑礼娜	江门市蓬江区农林双朗小学
吕洽源	江门市新会区平山小学
陈美芳	江门市紫茶小学
叶广敏	江门市培英小学

4. 组织管理

成立跟岗学习项目小组，跟岗工作实行校长负责制，由校长任组长，教导

主任、总务副校长、主持人任副组长，名师工作室秘书处人员任组员，负责学员跟岗学习项目的全过程管理和实施。

五、具体培养形式

（一）培养期总体安排

（1）在三年培养期内，按照培养目标的要求，以每一学年为一个时间单位，将培养要求细化，以"八项任务"为驱动，按照"五阶段、八结合"的培养要求，通过"诊析、提升、成才"三个环节，形成阶梯式成长模式。根据诊析目标和能力提升要求，安排研修课程和实践项目，使培养对象在三年内各项能力能够得到稳步、有序的提升。

（2）八项任务为（除特别注明，均为每年完成的任务）：

① 做一项规划：首次集中制定好个人三年发展规划（第一年做）。

② 读一本书：读一本教育教学专著，并做一次读书报告。

③ 上一堂课：每位培养对象展示汇报课一节，点评公开课一节。

④ 做一场讲座。

⑤ 做一项研究：主持一项课题研究（三年），撰写一篇教育科研论文。

⑥ 组织一次网络研修活动：制定主题，策划活动，组织网络学员参与。

⑦ 发布20条资源：通过名教师工作室网络空间发布生成性教育教学资源（包括课件、案例、教学方法、教学总结、学习心得、教学改革探讨、跟岗总结、跟岗简报、发展规划等文字或图形资源），数量不少于20条。

⑧ 完成不少于两个学科微课资源。

（3）培养对象在进行培养之初，提供一份课堂教学录像和个人职业发展规划。在导师团队的诊析与指导下，结合培养对象的个人能力、发展方向、兴趣爱好、性格特点、专业基础等，有针对性地制订个人职业发展规划和成就名教师计划。

（4）每一学年培养过程都包含"五个阶段"，并且将"八个结合"的模式有机地融入五个阶段中。但每学年的学习目标呈现逐年提高的要求。

① 集中脱产学习阶段主要解决教育理论深化与教育理念拓展的问题，针对培养对象诊析、提升的要求，每个学年都设立不同的学习模块，采取专家引领、名师示范、个人反思的形式使培养对象逐步提高教育理论水平，拓展教育

理念、提高教科研水平。

②　每个学年的岗位行动研究阶段、示范引领带学阶段要求培养对象将导师引领与个人研修相结合，以"八项任务"作为学习的任务驱动、检查自身能力提升的形式及在当地发挥工作室培养对象示范辐射作用的手段。将研修提升与示范辐射相结合，不但要进行认真的个人研修，而且要将个人研修的成果辐射至当地，使更多的教师能够从名教师的培养中受益，从而将培养项目的效果最大化。

③　每学年的课题合作研究阶段设计具体的目标，要求培养对象作为主持人，在本校组建3—5人的教学科研团队，在导师组的指导下，带领团队开展课题研究工作。课题结题时要撰写研究报告并提供相关数据和成果，工作室组织专家进行课题答辩。

④　每学年安排不同的异地考察交流，撰写考察报告，总结考察所取得的成果并应用于教学改革实践中。另外，也要将考察心得以讲座、教学研讨会等形式辐射至所在地区。

（5）与各级教育局紧密合作，为培养对象提供研究、示范、辐射的平台，使其示范辐射范围从所在县（片区）、市向全省范围内逐步辐射。

（二）培养期学习形式与学习内容

1. 文献阅读

（1）工作室为培养对象提供30本名师阅读书目，其中包括10本经典教育学理论与20本反映当代教育发展趋势的著作。培养对象在主持人的指导下，每学年选择其中一本作为必读书目进行精读，其他作为选读书目进行泛读。

（2）在文献阅读基础上，撰写读书心得、反思等读书笔记。

（3）围绕名师阅读书目，工作室每学年组织读书报告会，为教师提供交流和展示的平台。

2. 名师讲坛

（1）结合名师阅读书目和当前教育改革发展趋势，邀请国内知名专家举办讲座或专题报告。

（2）培养对象就讲座的内容提问（除现场提问外，提交两个以上的书面问题或疑惑）并进行小组讨论。另外，要求针对讲座内容进行各种形式的教学实践。

3. 专项能力指导

邀请国内知名专家通过案例教学，开展专项能力指导。比如，教学设计能力、科研教改能力、说课评课能力、科研教改团队的组织与管理、教育教学理念与风格凝练，等等。

4. 跟岗学习

进入工作室挂钩跟岗学校，采用师徒模式由省市级名师进行传、帮、带，学员备课、上课、评课，开展课题研究。中心任务是跟师学艺，同时也协助工作室完成一定的教学和研究任务。通过集体备课、双向听课、说课评课、案例分析、课例开发、专题研讨、问题解决、课题研究和名师讲堂等形式，提升培养对象业务能力。

5. 考察学习

（1）组织培养对象外出考察学习。培养对象在考察学习之前，书面提出自己重点考察学习的内容。撰写考察心得和收获，并具体落实1—2项。

（2）培养对象要将考察心得和收获在自己的教学改革实践、教学团队管理中加以体现，并以讲座、教学研讨会等形式辐射至所在地区。

6. 能力展示

（1）用不同的方式展示培养对象的能力和各类成果（每年一次）。

（2）利用好每一学年的"一师一优课"平台，展示培养对象的教学能力；结合我市及各区教育局教研室的活动，举办教学技能竞赛、名家讲坛、教改研讨、论文宣读等活动，实现对教师培养对象进行理念传播、教改辐射、科研创新的目标。

7. 工作室公众号

工作室在公众号展示培养对象各项成果，在省资源平台网站，搭建互动、交流平台，将培养对象的教育教学、课程改革、专业成长等情况，通过平台展示、交流、分享，促进互动交流。

（三）培养时间安排

按照教育厅要求，培养对象每年培养期集中脱产研修时间不少于15天。

工作室培养对象三年研修时间表

培养阶段	时间进度	培养内容	研修内容与活动安排
第一学年 学习目标： 1.教育理念的拓展 2.教学设计能力 3.科研论文撰写能力 4.教育经验总结能力 5.教学团队规划、组建能力	2018年 11月	1.教师职业发展 2.名师素养与培养 3.师德修养提升 4.教学设计能力 5.异地考察交流 6.跟岗实践	1.开班仪式 2.集中主题研修 3.组建学习团队，与导师组见面 4.分配研修任务 5.阅读规定书目并撰写读书笔记 6.结合专家讲座、选修课程、阅读与个人反思进行岗位教学实践 7.组建3—5人的教学科研团队 8.完成八项任务
第二学年 学习目标： 1.个人教育理念的培育 2.教改实验能力 3.科研课题研究能力 4.教育理念提炼能力 5.教学团队管理、运作能力	2019年 5月中旬	1.教师专业能力提升 2.教师个人风格凝练 3.异地考察交流 4.岗位研修 5.个人研修与反思 6.教育科研能力提升 7.教学团队组织管理能力	1.集中主题研修七天 2.学习成果展示 3.考察 4.阅读规定书目并撰写读书笔记 5.结合专家讲座、选修课程、阅读与个人反思进行岗位教学实践 6.指导教学科研团队针对课题调研情况进行课题研究 7.完成八项任务
第三学年 学习目标： 1.个人教育理念的确立与提炼 2.教改辐射能力 3.科研成果推广能力 4.教育理念传播能力 5.教学团队示范带动能力	2020年 4月	1.教育理念提升 2.名教师素养、能力提升 3.岗位研修 4.异地考察交流 5.个人研修与反思 6.培养成效展示与培养对象PK赛	1.集中主题研修七天 2.学习成果展示 3.阅读规定书目并撰写读书笔记 4.完成八项任务 5.联系媒体进行推广工作
	2020年 7—8月	结业	1.结业答辩汇报（七天） 2.总结培养成果 3.培养成果展示 4.结业典礼

六、规定完成的标志性成果

（1）完成每年八项任务。

（2）在八项任务基础上，培养对象要求完成下列成果中的一项。不能完成者不推荐参与评选优秀学员。

① 本人或者其所主持的教学团队的教学事迹或教改成果被省级以上媒体报道。

② 本人主持的教研教改课题获得省级以上课题立项。

③ 论文参加省教育厅组织的论文评比中获得一等奖或在教育部组织的论文评比中获得二等奖。

④ 本人参加省教育厅组织的小学教师基本功大赛获得一等奖或者教育部组织的小学教师基本功大赛获得二等奖以上奖项。

⑤ 所教授或辅导的学生在省教育厅组织的比赛中获得金奖或者教育部组织的比赛中获得银奖以上奖项。

⑥ 本人被评为市级以上学科带头人。

附件：

跟岗培训安排表

第一轮跟岗研修（11月25日至12月2日）				
时间	活动内容	地点	统筹	宣传报道
11月25日周日	学员下午5：00前报到，安排入住。发放研修手册。（邓、邱）	酒店	邓慧雯	
11月26日周一	学校文化及工作室文化专题、工作室培训统览专题： 上午： 1.学员参观滨江校区义工文化；熟悉跟岗环境，发放年度阅读书籍、学员专用档案盒。合影留念。（杨） 2.破冰之旅暨工作室培训方案解读。（黄） 3.工作室网站资源建设解读。（唐） 4.学员交流个人发展规划。（黄）	滨江校区	杨秋玲	杨秋玲

续　表

第一轮跟岗研修（11月25日至12月2日）				
时间	活动内容	地点	统筹	宣传报道
11月26日 周一	科研成果分享暨微课设计制作与应用专题： 下午： 1.体验式研修，教学观察、示范讲学。 第一节：主持人科研成果分享讲座。 第二节：第一场网络主题研修活动：《微课设计、制作与使用》。（特邀：唐玉艳主讲。学员两人策划：李兰英　陈添盛） 2.参加教师大会。 3.商定、申报工作室课题。小组交流课题选题，写《小课题实施方案》或《小课题开题报告》。	滨江校区	唐倚仪	杨秋玲
11月27日 周二	工作室揭牌暨作文教学课堂观察、科研专题讲座： 上午： 1.准备各项仪式，9：00工作室揭牌仪式，开班仪式，乡村教师结对仪式。 2.10：00—12：00工作室顾问杨建国研究员作文教学讲座。	滨江校区	杨秋玲	李兰英
	作文教学专题： 下午： 1.2：15—4：15工作室成员高校专家曾毅教授作文讲座。 2.4：15—5：15特邀嘉宾陈育庭院长科研专题讲座《做科研型教师》。 3.学员自由研修时间：第二场网络主题研修活动：《如何提高学生的朗读水平》。（学员：两人：李清清　梁小柳）	滨江校区	黄佩华	
11月28日 周三	珠海郭明霞工作室交流学习： 上午： 8：00出发往珠海； 10：00参观珠海九州小学及郭明霞工作室。 中午办理入住酒店。	珠海	杨秋玲	陈添盛

第一轮跟岗研修（11月25日至12月2日）				
时间	活动内容	地点	统筹	宣传报道
11月28日 周三	作文教学专题： 下午： 1.郭明霞工作室学员执教课例。 2.黄佩华工作室学员陈添盛执教绘本《和甘伯伯去游河》。 3.两地学员进行互动研讨交流。	珠海酒店	唐倚仪	陈添盛
11月29日 周四	一日一得——观摩名师教研活动，学员围绕所听优质课例，提炼一个中心议题，发表听课心得。（统筹：听课组第一组三人）	珠海 体育馆	唐倚仪	李清清
11月30日 周五	一日一得——观摩名师教研活动，学员围绕所听优质课例，提炼一个中心议题，发表听课心得。（统筹：听课组第二组三人）	珠海 体育馆	唐倚仪	
12月1日 周六	一日一得——观摩名师教研活动，学员围绕所听优质课例，提炼一个中心议题，发表听课心得。（统筹：听课组第三组两人）	珠海 体育馆		
12月2日 周日	一日一得——观摩名师教研活动，学员围绕所听优质课例，提炼一个中心议题，发表听课心得。（统筹：听课组第四组两人）学员返程。	珠海酒店		
第二轮跟岗研修（12月16日至12月22日）				
时间	活动内容	地点	统筹	简讯撰写
12月16日 周日	学员下午5:00前报到，安排入住。发放手册。（邓、邱）	江门酒店	邓慧雯	
12月17日 周一	思维导图引入语文教学专题： 上午： 1.体验式研修，课堂观察。 第一节：学员李兰英执教《小蝌蚪找妈妈》。 第二节：学员梁小柳执教《学会看病》。 第三节：特邀嘉宾执教课例。 2.特邀嘉宾与学员进行会诊式研讨交流。 下午： 1.学员点评上午课例。 2.学员分组设计制作微课资源。 3.第三场网络主题研修活动：《如何进行有效的写字教学》。（学员两人：杨秋玲 吕洽源）	滨江校区	唐倚仪	梁款娟

续　表

第二轮跟岗研修（12月16日至12月22日）				
时间	活动内容	地点	统筹	简讯撰写
12月18日 周二	文本细读能力专题： 上午： 1.体验式研修，课堂观察。 第一节：学员梁华剑执教《桥》。 第二节：学员莫君华执教习作《圆明园的毁灭》读后感。 第三节：特邀嘉宾执教课例。 2.特邀嘉宾与学员进行会诊式研讨交流。	校本部	黄佩华	吕洽源
12月18日 周二	绘本阅读教学专题： 1.体验式研修，课堂观察。 第一节：学员梁款娟执教绘本《荷叶圆圆》。 第二节：主持人执教课例。 2.工作室与校区老师进行会诊式研讨交流。 3.第四场网络主题研修活动：《如何引导学生读整本书》。（学员两人：郑礼娜　梁款娟）	紫茶路校区	黄佩华	吕洽源
12月19日 周三	城乡互动专题： 上午： 体验式研修，课堂观察。 第一节：乡镇结对教师执教课例。 第二节：学员郑礼娜执教《千年梦圆在今朝》。 第三节：主持人评课、工作室与所在学校进行会诊式研讨交流。	镇	黄佩华	梁华剑
12月19日 周三	统编教材专题： 下午： 1.体验式研修，课堂观察。 第一节：学员李清清执教《青蛙卖泥塘》。 第二节：工作室教研员点评课例。 2.学员分组设计制作微课资源。 3.第五场网络主题研修活动：《如何落实单元作文教学》。（学员两人：莫君华　梁华剑）	滨江校区	唐倚仪	梁华剑

第二轮跟岗研修（12月16日至12月22日）				
时间	活动内容	地点	统筹	简讯撰写
12月20日 周四	翻转课堂专题： 上午： 1.体验式研修，课堂观察。 第一节：尚雅教师执教课例。 第二节：学员吕洽源执教《我的舞台》。 2.主持人及尚雅领导点评课例，工作室与所在学校进行会诊式研讨交流。	新会尚雅	黄佩华	郑礼娜
12月20日 周四	作文教学专题 下午： 1.体验式研修，课堂观察。 第一节：圭小教师执教课例。 第二节：学员杨秋玲执教三年级习作《猜猜我是谁》。 2.主持人及圭小领导点评课例，工作室与所在学校进行会诊式研讨交流。	新会圭小	黄佩华	郑礼娜
12月21日 周五	修身治学专题： 读书与电影文化交流分享。 第一、第二节：读书沙龙。 第三、第四节：优秀影片艺术观赏。	滨江校区	唐倚仪	梁小柳
12月21日 周五	整理所学，个人内化专题： 下午： 1.修改完成《个人专业成长三年规划》。 2.召开小课题开题报告。 3.撰写个人跟岗总结。	滨江校区	唐倚仪	梁小柳
12月22日 周六	1.跟岗培训总结会。 2.制作跟岗培训活动简报。 3.提交跟岗作业。 4.学员返程。	滨江校区	杨秋玲	李兰英

黄佩华名教师工作室研修制度

工作室主持人、成员及学员须认真研读《工作指南》，执行《工作指南》中的任务与要求。跟岗研修期间严格遵守跟岗学校的规章制度，同时遵守下列制度。

一、管理自律

每位工作室成员、学员都是工作室的管理主体，应承担管理与自我管理的职责，主动参与工作室的各项活动，确保工作室以良好状态运行。

二、完成八项任务

每位学员每年认真参加研修活动，高质、高效完成八项任务。（见前内容）

三、网上互动

加入工作室微信群，及时发布、反馈信息。做到有布置（发布），有落实，有回应。

四、完善档案

建立线上线下档案。学员的计划、总结、听课、评课记录、公开课、教案、讲座、课题等材料及时汇总，记录学员专业成长轨迹。其中，线上档案实行学员上交、工作室审核、工作室上传；线下纸质档案实行学员打印、学员归档入盒、工作室审核验收。

五、考勤

原则上参加工作室的研修活动不得迟到、早退，不得请假、缺席。确因实际情况无法参加的，须在研修活动通知发出后五个工作日内出具学校及教育局盖章的审批同意的请假证明。全勤者在考核结业考勤考核中满分。对连续两次无故缺席工作室活动的学员或对本应履行的任务推诿、敷衍的学员，工作室启动上报各级人事部门及省厅，申请处理，同时根据需要及时增补人员。

六、处理好工作与研修的关系

跟岗研修期间为脱产学习模式，学员在研修活动开始前要合理安排好原单位所负责的工作，研修期间专心学习，不得随意返回原单位。

黄佩华名教师工作室软硬件建设

一、工作室前期硬件建设

工作室（滨江校区）设备配置：

（1）主持人办公室：主持人办公桌椅一套；配备主持人办公电脑（手提式）一台，打印复印传真一体机一台，移动硬盘和U盘各一个。

（2）学员办公室：办公桌15套以上（配有电源插座）；学员公用电脑两台（一台为手提式），打印机一台。光纤网络；饮水设备。

（3）学员休息阅览角。

（4）可上网的会议室（带投影设备）。

（5）跟岗期间学员的午餐安排。

二、工作室前期软件建设

1. 工作室理念文化设计

（1）标识

以主持人姓名首字母与书本造型组成，整体看上去好像翻开的书本，寓意工作室团队犹如万卷书，教学、阅历经验丰富；翻书的形式表现出工作室每位学员在工作室成员团队的带领下，不断磨炼、成长，专业水平不断提高。H字母像高楼，寓意工作室育人事业蒸蒸日上，不断发展，更上一层楼。

（2）理念

共学　共享　共行　共长

（3）管理目标

打造工作室品牌三度：成长度、辐射度、美誉度

促进工作室培训三力：策划力、推进力、创造力

（4）育人目标

让学生更优　让学校更强

让骨干成名　让名师成家

（5）模式

八项任务驱动　整体整合推进

（6）保障

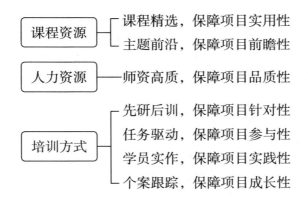

（7）愿景

让语文更出色，因语文而出色。

2. 简报刊头设计

中 篇

共学共享
——工作室研修结硕果

大道至简——学员吕洽源及结对教师的成果

我的教学特色

大道至简　学当明师

江门市新会区平山小学　吕洽源

辗转任教几所学校，马齿徒增，教龄近十六载。在语文教育教学的过程中，教育教学方式也有所调整，也逐渐形成了一些观点和主张。

一、做孩子有趣的师友

大道至简，想教好学生最好是让其"亲其师，信其道"。如此，寓教于乐才有了根本。我教语文，试图让学生先喜欢上我的为人处事风格，有时候可以幽默风趣一些。特别是接手一些基础薄弱、学习兴趣不浓的班级，做孩子有趣的师友，显得特别有效。由人及课，培养学习兴趣是一件功德无量的事。

二、当孩子语文的明师

当明师就要求能够清清楚楚地了解孩子们，明明白白地教语文。启发孩子们德文双修。我在语文教学中对自己提出这几个方面的要求：

1. 善于启发学习

教学中应以启发教育贯穿始终。子曰："不愤不启，不悱不发。举一隅不以三隅反，则不复也。"

2. 严于培养习惯

教育是教师严格培养学生各种品质和良好的习惯。

3. 敢于下水作文

教师是学生的表率，学生较难写好的文章，教师敢于"下水"作文。

4. 勤于练习书写

教师不练字，学生定然少练字。老师重视之，不管自身写得好坏，总比不重视的好上一百倍。

要当名师，应从当一位明师做起，努力践行。

我的教学论文

使用通用格提高小学生规范汉字书写水平的教学实践

江门市新会区平山小学　吕洽源

习近平总书记指出："中国字是中国文化传承的标志。殷墟甲骨文距离现在3000多年，3000多年来，汉字结构没有变，这种传承是真正的中华基因。"传承文明就是爱国，社会主义核心价值观中提出的第一个词语就是爱国。这是每个公民应尽的义务。写好规范汉字也是小学生爱国的表现。也正如中国硬笔书法协会主席张华庆在新华网《新华访谈》的栏目中提出，"写字教育就是爱国主义教育"。那么，作为教师，应有指导规范汉字书写的义务；作为学生，应有传承文明，写好规范汉字的责任。

一、明确书写要求，着手开展研究

《义务教育语文课程标准（2011年版）》对学生写字提出了明确要求："一是对汉字的基本笔画和常用的偏旁部首，能按笔顺规则用硬笔写字，注意间架结构。初步感受汉字的形体美。写字姿势要正确，字要写得规范、端正、整洁，努力养成良好的写字习惯。二是能使用硬笔熟练地书写正楷字，做到规范、端正、整洁。用毛笔临摹正楷字帖。三是用硬笔书写楷书，行款整齐，有一定的速度。"可见，教育部对学生规范汉字书写十分重视。

学生良好书写习惯的培养极为重要。不少学校和老师对提高学生书写水平都有自己的方法和实践。为更好地落实规范汉字书写，提高学生书写水平，笔者着手研究实践。

二、确定使用产品，开展教学实践

笔者于2017年3月通过电视节目认识了"通用格"（如右图），即被其科学、简单易学的特点所吸引。"通用格"由黄德廉先生发明，在传统田字格、米字格中加上中宫，集合了口字格、田字格、米字格和九宫格等习字格的精华，对汉字书写的方向、位置、比例有很好的规范，又称结构格、坐标格。

通用格

确定使用通用格作为学生规范汉字书写教学载体后，教学实践便正式实施。

1. 专家培训指导，打造师资团队

凡事预则立，不预则废。为更好地落实对学生写字教学的有效指导，提高教师队伍的书写能力是重要一环。一旦教师掌握通用格的指导方法，对全校学生书写水平的提升无疑事半功倍。实践之初，学校组建通用格写字教师团队，先后邀请了通用格发明人黄德廉先生和黄鹏、黄飞等多名专家对全体老师进行培训，组织老师们学习《通用格写字技法教法教程》，了解通用格的设计，清楚汉字"中宫紧敛，外宫伸展"的结构特点，总结出"突出主笔，次抑主扬"的汉字书写原则。现场培训后，学校与专家组通过建立微信群、钉钉群等加强沟通互动，深入技法学习，并以《常用176个典型汉字》字例进行打卡训练，学校领导带头，团队积极参与。随后，学校组织写字教学课堂观摩，定期组织比赛交流，邀请专家当评委并做指导。一两年间便打造了一支能写会教的师资队伍。

2. 严格书写习惯，牢记书写规律

叶圣陶先生说过："教育的重点在'育'，所谓'育'，就是培养良好的习惯。"归根结底，提高学生的书写水平，重点在良好的书写习惯。从马斯洛

"五个层次的需要"得出：人的需要是从外部得来的满足逐渐向内在得到的满足转化的。日常学习中，老师们借助"送笔画宝宝回家""我的地盘我做主"等游戏，让学生掌握通用格的书写规律。借鉴古代科举和如今考试对书写的要求，创设使用通用格写字氛围，严格作业使用通用格本要求，不断纠正错误的写字姿势，肯定使用通用格积极练习的同学，大力表扬书写水平高的学生，树立榜样，使之成为一种习惯和需要。

3. 发挥阵地作用，落实练字指导

《语文课程标准》对识字写字提出这样的建议："按照规范要求，认真写好汉字是教学的基本要求，练字的过程也是学生性情态度、审美趣味养成的过程，每一个学段都要指导学生写好汉字，并规定要在每天的语文课中安排10分钟，在老师指导下，随堂练习，做到天天练。"语文教学是教好写字的主阵地。如在中低年段的生字教学中，结合《通用格规范字随堂练》，充分发挥坐标格的作用，让学生"意在笔先"，在头脑中形成汉字在通用格中的相对位置，既引导自己写，也判断他人的书写是否合乎规范。临帖是学习书法最根本的方法。老师们借助临帖方法，引导学生从字的结构、比例上观察主笔，了解笔画名称，看清笔画形态，教师使用通用格磁板进行书写示范，接着学生利用通用格试写，之后进行集体评议，学生根据意见进行调整与巩固练习。这个过程让学生在对比和辩证的思维中养成细致书写的习惯，以达到迅速提高书写水平的效果。

4. 保证练字时间，严格书写训练

为加强书写训练，学校固定每天下午15分钟练字时间。练字前先播放基本笔画的写法视频，然后每天一字进行指导。落实"端正写字双姿、认真观看视频、教师写字讲解、学生动笔书写、对比重写提升"五步法写字流程。为落实质量，每个字只要求写三行，明确"规范书写，重质不重量"的要求，并给予学生充足的训练时间。既减轻学生负担，又能强化书写记忆，提升书写质量。

每天保证训练时间，持之以恒严格落实，176个典型汉字经过一个循环的书写练习后，学生都能掌握通用格的书写规律，汉字书写水平得到明显提升。

5. 举行写字竞赛，检验实践效果

比赛的目的不仅为了展示，也为了促进，更为了检验，此举还能提供互相学习的机会，提高学生书写的积极性。学校每半学期举行一次全校性的书写比赛，全员参与，以年级为单位进行评奖，由学校举行颁奖仪式，对平时练字认真、书写效果好的学生进行表扬，将优秀作品通过班级和学校宣传栏公开展示。此外，学校还组织教师和家长的书写比赛，共同营造浓厚的练字氛围，形成学校品牌文化，促进学生写字兴趣的提高。

三、教学成效显著，书写已入人心

书写教学经过三年实践，成效显著。学校在培养学生良好书写习惯及提高书写水平所取得的实效方面受到了市区教育局的肯定与赞扬。师生家长积极参与书写练习形成氛围，孩子们的书写变得端正、规范、美观，获奖数以百计，不少学生还以通用格硬笔书写为基础，开始毛笔书法练习，也初见成效。

通用格是帮助写好规范字的好工具，它如拐棍、明灯，引领学习者在入格与出格间领悟规范汉字书写的要领。要写好字，则需要入心，更需要日积月累、水滴石穿的过程。

参考文献：

［1］中华人民共和国教育部.义务教育语文课程标准（2011年版）［M］.北京：北京师范大学出版社，2011.

［2］田英章.田英章硬笔书法教程［M］.上海：上海交通大学出版社，2015.

［3］人民教育出版社师范教材中心组编.心理学教程［M］.北京：人民教育出版社，1998.

［4］黄德廉，黄飞，黄鹏，黄志珍.汉字结构写字纸［P］.中国：ZL200730 101033.62008.

挖掘《竹节人》中写作的生长点，提高小学生的写作素养

江门市新会区平山小学　吕洽源

《义务教育语文课程标准（2011年版）》明确指出：人文性和工具性的统一是语文课程的基本特点。听、说、读、写是语文教学中基本的环节，也是学

生核心的语文素养中的重要内容。而写作则是语文教学四大环节中的较高层次的一环，也是一项综合性输出的实践能力。随着部编版教材的全面使用，让我们清楚地看到，教材是按照"人文主题"和"语文要素"双线统元，并且螺旋式上升的设计理念编写的。教材编者要求学生掌握的语文要素更加明显，语文要素成了硬核的知识点。写作要素又是语文要素中非常重要的一项。

　　然而，当今的小学生课堂可谓是满满当当。怎样在不加重负担的前提下，提高写作素养呢？教师可以着眼于语文教材，尝试在语文教材的学习中，挖掘写作的生长点，有意创设写作的机会，精心创设写作的成长空间，让学生兴致勃勃地写作，不仅提高阅读素养，更能迅速提高写作素养。笔者以部编版语文教材六年级上册《竹节人》为例，挖掘文中写作的生长点，提高小学生的写作素养。

　　《竹节人》是作家范锡林的作品，文章记叙了童年时代的"我"和伙伴们制作竹节人、斗竹节人，因为"我"和同桌上课时偷玩斗竹节人，竹节人被老师没收了，却意外地发现老师也和"我们"一样喜爱竹节人的故事，表达了作者对美好童年的深切怀念。《竹节人》深藏着写作的生发点，可以加以挖掘利用，使阅读与写作得以有机整合，提高学生的写作素养。

一、体验竹节人的诞生，写"出生证明"

　　挖掘《竹节人》的第一个写作的生长点——体验制作的过程，记叙过程，写出自己的感受。体验最真实和最直观的过程。《现代汉语词典》中，体验是指通过自身实践来认识周围的事物。全国著名写作教学名家何捷老师在《教材作文设计》一书中指出，儿童体验式写作专指让儿童亲身参与体验后写作，是主张在写作教学中特别注重儿童主体真实参与体验，促进感悟、生发并与自身已有的经验不断整合、内化，产生新思想、新见解的写作体系。对此，写作的研究着力点不是要不要做的问题，而是指向如何做的探讨。教师完成新课的教授后，可以让学生在周末根据课文的制作指南制作竹节人。制作时注意步骤，及时记录下来，以"竹节人的出生证明""竹节人诞生记"等为题目写一篇作文。制作成功与否，都是一次特殊的经历，写成的文章便有了自己的独特之处。

二、培养创造力，精心为竹节人命名

装饰并为竹节人命名，是本课第二个有意思的写作生长点。写作的素养来源广泛，可以说，阅读经典作品是积累写作要素的重要来源。正如杜甫诗云：读书破万卷，下笔如有神。作者用了以下几句话介绍给竹节人有趣的命名：

竹节人手上系上一根冰棍棒儿，就成了手握金箍棒的孙悟空，号称"齐天小圣"，找到两根针织机上废弃的钩针，装在竹节人手上，就成了窦尔敦的虎头双钩。把"金钩大王"刻在竹节人的胸口，神气！用铅皮剪一把偃月刀，用铁丝系一绺红丝线做一柄蛇矛，给那竹节人装上，再挖空心思取一个更威风、更吓人、叫得更响的名号。

可见，作者在描写为竹节人装饰和命名方面都有一定的讲究。名字出处非常丰富：既有《西游记》《三国演义》中的人物，也有《彭公案》中的人物。学生学完课文并且完成了制作的竹节人后，顺着作者的文字，学生一定可以想得出更多名字。教师只要因势利导，要求学生给自己的竹节人命名，最好是古今中外著作中的人物或者是自己创作的名字，并且写出得名的原因或者出处，以及他们各自的武力值、颜值、绝招、弱点等，可以制作卡片或者文字说明。这些是许多学生耳熟能详的东西。文字出来后，教师还可以将竹节人收起来做一次展览，可以通过班级投票选出最佳人气奖、最佳创意奖、颜值担当奖等。通过教师一系列的教导，学生可以更加了解这个有着一定历史的玩具的制作和文化内涵，对于提高写作素养有着很大的促进作用。

三、营造气氛，斗竹节人，记录游戏

逞强好胜是很多孩子的特点，男孩子尤甚。第三个有意思的写作生长点也是孩子们最喜闻乐见的斗竹节人。课文中多次写到斗竹节人的精彩场面：

黑虎掏心！泰山压顶！双龙抢珠！

咚锵咚锵咚咚锵！咚咚锵！

下课时，教室里摆开场子，吸引了一圈黑脑袋，攒着观战，还踩脚拍手，咋咋呼呼，好不热闹。常要等老师进来，才知道已经上课，便一哄作鸟兽散。

上课了，意兴依然不减，手痒痒的，将课本竖在面前当屏风，跟同桌在课桌上又搏将起来，这会儿，嘴里不便咚锵。

……

这一个激动人心的写作生长点，最为明显，最为有趣，但最容易变成闹哄哄的热闹环节，事倍功半。老师创设打斗的环境，调动学生积极性，学生便能将打斗进行到底，但是打斗的结果不是作文最关注的点。笔者在上海现场观摩何捷老师的作文课《记一次活动》，深受启发。于是，我依葫芦画瓢，成功导演了这一次斗竹节人大赛。课前将全班同学分成两组，让他们组内用自己的方法推选出最好的竹节人，并让两组同学为己方的竹节人设计出场口号，老师当公证人（裁判），音乐课代表负责找比赛音乐，等等。事情安排下去后，照搬了何捷老师的方法，设定表格（如下表），画在黑板上，请记录员用词语记录比赛和观众的表现。

记录表

场次	公证人（L）	音响师（Y）	竹节人A	竹节人B	观众（G）
第一回合					
第二回合					
第三回合					

公证人宣布比赛规则，同学举手通过并要求场下的同学记录好每一个动态的事物，用最恰当的词语记录。双方选手赛前有一分钟自我介绍时间。完成后，同学们逐一将用上的词语填在黑板的表格内，然后进行筛选。在记录和筛选的过程中，可以将平时作文底子薄弱的同学拉一把，鼓励基础好的同学精益求精。这样一来，基础薄弱的同学就不会没有事情可写。

总而言之，只要教师舍得时间，善于或者敢于让阅读课堂延伸，让教材真正成为学生的"学材"，则处处可以创设有利于提高学生写作素养的环节，让学生于潜移默化中提高写作素养。提高写作素养并非一蹴而就，要持之以恒。正如南宋无门慧开禅师《禅宗无门关》在序中所云："大道无门，千差有路；透得此关，乾坤独步。"

参考文献：

［1］中华人民共和国教育部.义务教育语文课程标准（2011年版）［M］.

北京：北京师范大学出版社，2011.

［2］何捷.何捷老师的教材作文设计［M］.福州：海峡文艺出版社，2017.

［3］唐秀春.如何提高学生作文素养［J］.新课程研究：教师教育，2008.

我的教学设计

人教版六年级上册28*《我的舞台》教学设计

江门市新会区平山小学　　吕洽源

一、教学目标

1. 知识与能力目标

（1）理解课文内容。

（2）熟练掌握抓住关键词与体会句子的含义的方法。

2. 情感态度目标

从作者在舞台上成长的艰辛过程中汲取养分，明白成才需要付出努力的道理，以及明白无论学习哪门艺术都要勤学苦练。

二、教学重难点

1. 重点

理解课文内容，体会作者的思想感情。

2. 难点

从作者在舞台上成长的艰辛过程中汲取养分，明白成才需要付出努力的道理，以及明白无论学习哪门艺术都要勤学苦练。

三、教学时间

一课时。

四、教学过程

1. 导入新课

（1）出示舞台的图片，让学生聊聊舞台的印象，导入新课。（你曾经站在哪个舞台上？那是一个怎样的舞台？你在舞台上做了什么事？……）

（2）出板书课题，读题，解题。（"我"的舞台，是什么舞台？"我"指的是何人？）

（3）教师或学生做作者简介。

设计意图：通过回忆生活的经验，打开记忆的大门，理解词语舞台，更大的目的在于让学生懂得课文源于生活。通过了解作者来学习课文是一种很有效的学习方法。

2. 初读课文，了解大意

（1）通读全文，自学字词，了解课文主要内容。

（2）带着课文导读中的问题，概括课文主要内容，填写表格。

记录表

什么时段	舞台在哪里	做什么
还没有出生时		
刚会走路时		
随母亲演出时		
六岁时候		
学艺几年后		

（3）汇报。

设计意图：整体感知，理清文章脉络是走进文本深处的基础，由课文导读引发，利用表格和提示来概括主要内容，学生学习起来会更加直观、顺畅。

3. 再读课文，体会中心

（1）默读课文，找出表达作者对舞台情感的句子。

（2）作者对舞台有着怎样的感情？请从文中找出相关的句子来回答。

（3）汇报。（相机板书）

设计意图：通过找中心句来体会文章中心思想是一种有效的方法。通过训练养成习惯，找准中心，学习长文思路就会理得更清，学得轻松。

4. 三读课文，品词析句

小组合作，深入学文：

（1）小组合作学习：哪个事例令你印象最深刻？品读你喜欢的句子，谈感受。

（2）全班汇报。（相机板书）

预设学生汇报的句子：

① 一次，小花猫看得兴起，……半天没缓过劲儿来。（抓住关键词：蹿、倒栽葱、摔、眼冒金星的理解与情景模拟再现来学习，感受"我"对学评剧的钟爱。）

② 每次演出，……也兴味盎然。（抓住关键词语：每次、一定，挤、憋闷，满头是汗、兴味盎然，体会"我"对学评剧的喜爱与执着。）

③ 六岁的小女孩柔弱的身体……每次都目不忍视地躲到里屋。（通过抓住黑脸大汉的动作的为所欲为，体会学戏之苦，并通过奶奶的侧面描写衬托"我"的苦和刚毅执着。）

……

（板书：勤学苦练。）

设计意图：本文是一篇自读课文，通过本册书中知识与技能的积累，学生厚积薄发，为他们提供平台，有效地锻炼与提升他们的思维、表达、协调等方面的能力。熟练掌握抓关键词的方法来理解句子的方法。学习通过人物的正面与侧面描写，表达中心思想的写法。

（3）夯实双基，理解句子并仿写。

（小结前段学习，引出句子）我在舞台上慢慢长大，舞台如一炉火，炼就了我的勇气和毅力。

① 抓住"如一炉火""炼就"体会"我"在舞台上成长的过程就是人生的成长。（请结合自己的学习经历，展开想象的翅膀，理解含义。）

（板书：炼就勇气和毅力。）

② 拓展训练（仿造句子），结合课文的学习，展开你想象的翅膀，舞台还如：_____。

（4）我在舞台上慢慢长大，舞台如一盏航标灯，_____。

（5）幻灯片出示吴霜获奖情况。

设计意图：落实语文工具性和人文性统一的课程基本特点，仿写句子，让学生在理解的基础上进行模仿和创造，在阅读课堂积淀写作的素养，使语言文字走向生活。

5. 阅读拓展，情感升华

通过学习课文，说说受到的启发或得到的收获。（引导学生用格言写一写。）

设计意图：对课文中心思想的理解后学会用自己的语言来总结，并将语言简练化、概括化地表现出来，又是一次语文素养锻炼提升的机会。

6. 总结全文，推荐书目

（点明作者做人的原则：老实做人，认真演戏。推荐吴霜的光明三部曲。）

设计意图：以读引读，落到实处，让学生全方位了解作者，最好是从她的生平与著作中领略。

7. 板书设计

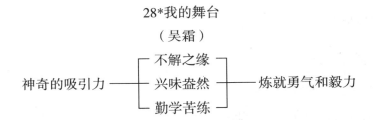

28*我的舞台

（吴霜）

神奇的吸引力 ——— 不解之缘 / 兴味盎然 / 勤学苦练 ——— 炼就勇气和毅力

乡村结对教师成果

《乡下人家》教学设计

江门市新会区沙堆镇梅阁学校　林兰爱

一、教学目标

（1）了解课文的叙述顺序，学习作者通过描写与乡下人家关系最密切的景物来抒发情感的表达方法。

（2）通过自主、合作、探究的学习方法，感受乡村生活的美好。

（3）运用多种方法有感情地朗读课文，抓住关键语句，体会作者对乡村生活由衷的热爱之情，培养学生的审美情趣，发现家乡的美、自然的美，由衷地热爱家乡，热爱自然。

二、教学重点

（1）引导学生能随文章的叙述想象画面，从而感受到乡村生活的美好。

（2）抓住关键语句，体会课文表达的思想感情。

三、教学难点

了解课文在空间、时间上交叉叙述的顺序，并体会从平凡的事物、普通的场面展现出来的乡村生活的美。

四、教学准备

多媒体课件。

五、教学流程

1. 复习导入，再现乡村美

（1）看图回忆画面，教师随机板书。

（2）引读中心句：乡下人家，不论什么时候，不论什么季节，都有一道（独特、迷人）的风景。（板书：独特　迷人）

2. 研读品味，感悟乡村美

（1）生自由朗读，勾画自己喜欢的画面，并写下感受。

（2）小组探究学习：你对课文描写的哪一处景致最感兴趣？和小伙伴们交流交流。

（3）集体交流汇报，师适当点拨，对优美句子指导朗读，并相机板书。

预设：

① 青、红的瓜，碧绿的藤和叶，构成了一道别有风趣的装饰，比那高楼门前蹲着一对石狮子或是竖着两根大旗杆，可爱多了。

第一，理解"别有风趣"。

第二，抓住"别有风趣"，结合图片，让学生体会对比手法的妙处，并更深刻地体会乡下人家景色的独特之处。

② 还有些人家，在门前的场地上种几株花，芍药，凤仙，鸡冠花，大丽菊，它们依着时令，顺序开放，朴素中带着几分华丽，显出一派独特的农家风光。

第一，引读让学生补充各种花名，体会"依着时令，顺序开放"的含义。

第二，引导学生联系上下文理解"朴素、华丽"这一对反义词的意思，以及为什么要放在一起用，从而突破难点。

③ 几场春雨过后，到那里走走，常常会看见许多鲜嫩的笋，成群地从土里探出头来。

第一，抓住"探"字，引导学生体会拟人手法的运用。

第二，反复指导学生有感情地朗读，仿写句子。

④ 从他们的房前屋后走过，肯定会瞧见一只母鸡，率领一群小鸡，在竹林中觅食；或是瞧见竖着尾巴的雄鸡，在场地上大踏步地走来走去。

即使附近的石头上有妇女在捣衣，它们也从不吃惊。

第一，抓住"率领""觅食""大踏步地走来走去""从不吃惊"等关键词体会。

第二，男女生分角色读，注意读出浓厚的人情味。

第三，用关联词语"即使……也……"说个句子。

⑤ 他们把桌椅饭菜搬到门前，天高地阔地吃起来。

天边的红霞，向晚的微风，头上飞过归巢的鸟儿，都是他们的好友。它们和乡下人家一起，绘成了一幅自然、和谐的田园风景画。

第一，理解"天高地阔"，想象画面，感受乡下人家豪爽质朴的生活习惯。

第二，指导朗读第二个句子，体会"他们"和"它们"分别指的是什么，让学生联系生活实际谈谈感受。

⑥ 月明人静的夜里，它们便唱起歌来："织，织，织，织啊！织，织，织，织啊！"那歌声真好听，赛过催眠曲，让那些辛苦一天的人们，甜甜蜜蜜地进入梦乡。

第一，师范读，生闭着眼睛想象画面。

第二，分小组读，注意读出乡下人家睡梦的甜美和秋夜的祥和。

3. 总结延伸，发现生活美

（1）拓展延伸。除了课文中描绘的一幅幅画面，你眼中的乡村景致又是怎样的呢？用自己的话描绘一下吧。

①欣赏乡村风景图。

②小练笔。

③师生评价。

（2）总结：乡下人家，不论＿＿＿＿＿＿＿＿，不论＿＿＿＿＿＿＿＿，都有一道独特、迷人的风景。

（师引导学生用以上句式说说对课文的理解，横线上可以填时间，也可以填地点。）

① 这是课文的中心句，起到了（总结全文）的作用，集中概括了乡下人家（独特、迷人）的生活环境和朴实欢快的生活，抒发了作者对乡村生活的（热爱）之情。

②回顾全文，作者是怎样写出这独特、迷人的风景的？

这篇课文按照房前屋后的顺序和春夏秋三季、白天傍晚深夜的顺序交叉描写，在写法上抓住最普通的农家生活场面，写出了乡村生活的特点，向我们展示了朴实自然、充满诗意的乡村生活，赞扬了乡下人家热爱生活，他们善于用自己勤劳的双手装点自己的家园，装点自己的生活。

（3）深情朗读。乡下人家，不论什么时候，不论什么季节，都有一道独特、迷人的风景。

4.开心作业，探索家乡美

（1）积累好词佳句，描绘家乡美。

（2）"走进田园"综合活动。

六、板书设计

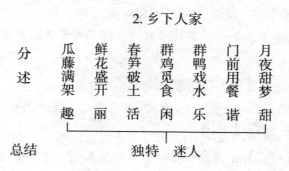

2.乡下人家

| 分述 | 瓜藤满架 趣 | 鲜花盛开 丽 | 春笋破土 活 | 群鸡觅食 闲 | 群鸭戏水 乐 | 门前用餐 谐 | 月夜甜梦 甜 |

总结　　　　独特　迷人

灵动扎实——学员李清清及结对教师的成果

我的教学特色

智慧、扎实、灵动

台山市李星衢纪念学校　李清清

教学特色是教师在教学过程中自然流露的一种稳定的、独特的教学风格。正如朱熹在《春日》"等闲识得东风面，万紫千红总是春"中所表达的意境，纵使教学方法万紫千红，却体现出一个主旋律——春。我想：特色就是春！

走在前沿，更新观念，明确新时代小语人应具备的新素养，不断提升自己，使自己有坚守小学语文的底气，让教学更智慧；站在课堂，注重每一个细节，传授知识，启迪思维，与孩子们一起练就本领、领略广阔的语文天地，让教学更扎实；渗在心灵，以丰富的情感，跟孩子们真诚地沟通，引领他们透过语文，感受语言文字的温度，洞见一个真、善、美的世界，让每一节语文课是可感悟的、有激情的，让教学更灵动。

"智慧、扎实、灵动"——我的教学特色！现在的我，既脚踏实地，也仰望星空，让"智慧、扎实、灵动"不断闪烁创造的火花，努力在体验生命律动、实现自我生命价值的教学历程里彰显浓厚的个性色彩。

我的教学论文

由《青蛙卖泥塘》的教学谈朗读指导的梯度

台山市李星衢纪念学校 李清清

在《义务教育语文课程标准（2011年版）》学段目标与内容部分，第一学段"阅读"中强调，学习用普通话正确、流利、有感情地朗读课文。第二学段"阅读"中强调，用普通话正确、流利、有感情地朗读课文。第三学段"阅读"中强调，能用普通话正确、流利、有感情地朗读课文。"学习用""用""能用"体现了各年段所要达成的目标，其过程是循序渐进的；"正确""流利""有感情"强调了朗读指导的梯度，尊重学生认知特征，符合能力培养的规律。因此，我们在课堂上开展朗读指导，培养学生朗读能力也得重视指导过程中的梯度，不可拔苗助长。

《青蛙卖泥塘》是一篇童话，课文内容浅显，语言活泼优美，故事情节非常有趣，适合学生朗读表演，在指导学生朗读时抓住课文中的词句展开想象，把课文中的内容同生活联系在一起，学生的体验就会更加真切。在本节课的教学中，我以"通读——读正确"指导学生了解童话的内容；以"表演读——读流利"引导学生感受角色的鲜明形象；以"想象读——有感情"引领学生体会故事蕴含的道理。学生在有梯度的朗读训练中由面及点，在读中解读文本，在读中体会情感，积淀语感，从而达到"正确、流利、有感情地朗读课文"的朗读目标，在达成目标的同时润物细无声地引导学生感受朗读的魅力，提高学生的朗读水平。

一、夯实基础，扎扎实实，把课文读正确

对于小学生来说，能把握课文的主要内容，是朗读再现情境的前提和基础。但是，在平时的课堂教学中有一普遍存在的弊端，往往为了追求朗读的出

彩，显得有点急功近利，在学生一开始读课文时就指导学生用怎样的语气读、带着怎样的感受读、读出怎样的感觉……殊不知，这样的朗读指导成了无源之水、无本之木，成了单纯的一种读的形式，学生只有了解文章的内容，读起来才有"本"可依。

我在教《青蛙卖泥塘》第一课时，出示读书要求：认真读课文，读准生字，不多字、不漏字，把课文读正确，难读的句子多读几遍。学生按照读书要求自由朗读，学生读后立即检查是否读得正确，本文读轻声的词语比较多，如"牌子""吆喝""舒服"，"缺点儿"等儿化音也多，学生读的时候没有注意，我在检查朗读时即时更正，并示范读，请读得好的学生示范读。逐段检查是否读得正确的确是很普通，但对学生而言很重要。正确朗读是把课文读流利、有感情地朗读的基础，看似平凡的检查确实是落实把课文读正确的途径，同时，也是以学生发展为根本的理念在朗读指导中的体现。

二、走进角色，活灵活现，把课文读流利

学生把课文读正确之后，我们要让学生把课文读流利，目的有两个：一是在了解课文内容的基础上梳理文章的层次结构；二是使学生把课文读正确，读流利，为精读课文、真正读懂课文打下基础。漫无目的、单调地读会使低年级的学生失去热情与兴趣，在教学中，我尝试引导学生走进角色读。以下是《青蛙卖泥塘》指导朗读的一个片段。

（出示）

一头老牛走过来，看了看泥塘，说："这个水坑坑嘛，在里边打打滚倒挺舒服。不过，要是周围有些草就更好了。"

师：老牛想来买泥塘，它怎么做？

生：老牛走过来，看了看泥塘。

师：为什么要看？

生：观察一下泥塘周围的环境。

师：观察得真好！

生：老师，就像我们买东西之前要挑选一下。

师：是的，而且要边看边想想要不要买呢！谁能读一读，读出老牛的思考！

（指名读，学生读得若有所思）

师：一头老牛走过来，看了看泥塘，说……

生：这个水坑坑嘛，在里边打打滚倒挺舒服。不过，要是周围有些草就更好了。

师：这是一只小牛在说话哦！

生：（高高举手）这个水坑坑嘛，在里边打打滚倒挺舒服。不过，要是周围有些草就更好了。（音色低沉）

师：原来是只老牛来买泥塘了！

（此时，学生的积极性很高，他们与文中的角色融合，在文本中与角色对话，对文章内容的理解在体验式的朗读中得到升华。）

众所周知，童话故事中人物的情感、形象特点，需要通过角色的语言展现，并通过朗读的技巧去深化。其中，关注对话中的提示语，是读好角色语言的关键点，提示语能给我们体会角色感情以充分的酝酿。比如，课堂实录中"一头老牛走过来，看了看泥塘"的提示语，朗读老牛的语言时，让学生联系平时买东西时挑选商品时的感受，想象老牛当时的状态，从"看了看"的动作描写，体会到老牛当时是在考虑，让学生做一个"看了看"的动作，然后接着读，学生的积极性在情境再现中一下子调动起来了，而且读得入情入境。另外，变换朗读的音色，也是读活角色的途径。在朗读指导时，可以根据角色特征设计不同的音色，既可避免朗读的单调，也可以让学生有感而发。比如，老牛的声音浑厚，在朗读时引导学生读得低沉，这样定位音色，老牛的沉稳就在学生的朗读中展现出来。而学生对这样走进角色的读充满期待，保持很高的热情，这样，一遍一遍地读，他们也不觉得枯燥，而这样一遍一遍地读便实现了流利地读的目的。

三、巧设情境，生成体验，有感情地读

有了以上指导"流利地读"的环节，进行"有感情地读"的指导便水到渠成了。"有感情地读"我们可以围绕一个点展开，如本课中小动物的心情；也可以围绕一条线索展开，如本课中小动物没有买泥塘的原因。基于本课是一篇童话，学生会很自然地融入角色中，我选择创设情境，体验心情的"点"，引导学生展开丰富的想象，进行朗读指导。

（承接以上课堂实录）

师：老牛啊，我想问问您，在说这话时您的心里是怎么想的？

生：我最喜欢在泥塘里打滚了，这个水坑坑刚好。

生：如果泥塘周围有些草就更好了。

生：我觉得这个泥塘挺不错的。

生：如果买了这个泥塘，要到别的地方去吃草，太麻烦了。

师（笑了笑）：那谁来当老牛，读出它当时的心情？

（生读，开心中稍有不满意。）

师：我听出老牛的快乐和有礼貌地提出自己的意见。我想青蛙听了之后一定会接受老牛的意见，好好改造自己的泥塘的。

（生再读，愉快并诚恳地提出意见。）

在阅读教学中，通过引导学生想象，进行朗读指导，学生在积极的思维和情感体验活动中不断经历，则能有所感悟，并在思考中受到情感的陶冶。就这样，在教学中，抓住能给学生感受、体会的句子，创设情境，让学生通过想象，引导学生反复体验，有感情地朗读，即可在读中生成画面，切身体会，情感自然流露，从而逐步靠近文章的主题，懂得故事蕴含的道理——不断改变就不断进步。

于永正老师说过：教语文，首先要教好朗读，教好了朗读，也就抓住了语文。因而，朗读的指导要实实在在，一步一个脚印，学生才能以朗读为载体，读正确，读实；读流利，读活；读得有感情，在读中感受体验。

参考文献：

［1］中华人民共和国教育部.义务教育小学语文课程标准［M］.北京：人民教育出版社，2012.

［2］中华人民共和国教育部.义务教育教科书［M］.北京：人民教育出版社，2019.

［3］窦桂梅.跟窦桂梅学朗读［M］.桂林：广西师范大学出版社，2015.

［4］陈道佩.读实读活读宽［J］.小学教学设计，2018（9）：47—48.

［5］柏玉萍.用朗读敲开童话学习之门［J］.小学语文教师，2018（11）：34—35.

［6］段金红.找准读点，读出课堂上的声情并茂［J］.小学教学，2018（5）：32—33.

（此文获2019年广东省小学语文教师优秀论文评比三等奖）

我的教学设计

《青蛙卖泥塘》教学设计

台山市李星衢纪念学校　李清清

一、教材分析

《青蛙卖泥塘》是人教版部编本二年级下册一篇有趣的童话故事，是以"改变"为主题的单元最后一篇童话故事。它主要讲述了青蛙觉得自己的泥塘不怎么样，就想把它卖掉。在卖泥塘的过程中，认真听取每一位来买泥塘的顾客的意见，最后把泥塘建设得非常漂亮，连自己都不舍得卖掉泥塘了。这篇课文内容浅显，语言活泼优美，适合学生积累词句。故事情节非常有趣，适合学生朗读表演。要指导学生在读书时抓住课文中的词句展开想象，把课文中的内容同生活联系在一起，明白这些建议和动物们的生活习性密不可分。在学习的过程中，让学生学会怎样将一个地方或一样东西打扮得更加漂亮，并学习用优美的语言介绍出来。不仅能感动他人，连自己也被感动了。

二、教学目标

（1）熟读课文，会认"卖、牌、吆"等15个生字，会写"蛙、卖、搬"等八个生字，会写"青蛙、草籽、野鸭、泉水、竹子、应该、花丛、尽情、道路"等词语。

（2）正确、流利、有感情地朗读课文，了解课文主要讲了一件什么事，并和同学演一演这个故事。

（3）通过自主阅读，分角色朗读课文，引导学生抓住课文重点词语，了解青蛙在卖泥塘的过程中将泥塘装扮得越来越漂亮，并向别人介绍。

（4）学生感悟到美好的环境是靠我们勤劳的双手创造出来的，培养学生爱护环境的意识。

三、教学重难点

（1）认识生字词，了解课文主要内容。

（2）通过自主阅读，分角色朗读课文，引导学生抓住课文的重点词语，了解青蛙在卖泥塘的过程中将泥塘装扮得越来越漂亮，并学会抓住事物的优点向别人介绍。

四、教学课时

二课时。

评析："凡事预则立，不预则废。"对于老师上课而言，要想使一堂课上得精彩而充实，能否达到预期的目的，能否收到应有的效果，在很大程度上取决于课前的准备工作是否充分。分析教材，确定教学目标，抓好教学重难点，重视备课这个环节，就可以让我们的学生在课堂上有所成长，提高课堂教学质量。

第一课时

【教学目标】

（1）熟读课文，会认"卖、牌、吆"等七个生字，会写"蛙、卖、搬、倒"四个生字。

（2）正确、流利、有感情地朗读课文，了解课文主要讲了一件什么事，找出小动物不买青蛙的泥塘的原因。

课前游戏：数青蛙。

评析：在明确了整篇课文的教学目标后，课时的教学目标制定要求更细化，使教学效果更优化。巧妙地以学生喜闻乐见的数青蛙游戏导入，调动学生学习的积极性。

【教学过程】

一、揭题识字，导入新课

1. 出示"卖"字，认读，说说"卖"的反义词是"买"。

2. 教师叙述导入：今天，我们一起读一个关于买卖的故事。

3. 板书课题：青蛙卖泥塘，齐读。

4. 指导书写"蛙"和"卖"。

（1）"蛙"在书写时应该注意左窄右宽，左短右长。

（2）"卖"在书写时注意按上窄下宽的规则书写。

5. 再读课题，质疑，相机总结学生提出的问题，板书。

（1）青蛙为什么卖泥塘？

（2）青蛙怎样卖泥塘？

（3）谁来买青蛙的泥塘？

（4）青蛙的泥塘卖了没有？

评析："学贵有疑。"在开课读课题时，巧妙地教会学生提问题的方法，引导学生围绕故事题目质疑：①青蛙为什么卖泥塘？②青蛙怎样卖泥塘？③谁来买青蛙的泥塘？④青蛙的泥塘卖了没有？以疑激发学生学习的兴趣和学习的热情，在鼓励学生大胆猜想的过程中，有效地培养学生的求证思维能力、发散思维能力和语言概括能力。

二、初读课文，根据学生质疑的问题，了解课文内容，随文学习生字新词

1. 出示自读要求，自由读课文。

（1）认真读课文，读准生字，不会读的句子多读几遍。

（2）边读边想同学们提出的问题。

2. 读后根据学生的汇报相机学习。

（1）青蛙为什么卖泥塘？

① 学生读句子：青蛙住在烂泥塘里。他觉得这儿不怎么样，想把泥塘卖掉，换几个钱搬到城里住。

② 学习生字"烂"。

A. 指名学生读准字音。

B. 识记生字，组词。

C. 练说词组：灿烂的笑容、灿烂的阳光。

③ 小结板书：烂、搬。

（2）青蛙怎样卖泥塘？

① 出示插图，观察青蛙怎样做，指名用自己的话说一说。

② 学习词语：牌子。

A. 指名学生读准字音。

B. 以"片"字的演变过程和意义理解牌子的意思：扁而薄的东西。

C. 出示图片和词语加深对"牌"字的理解，丰富学生的积累。

门牌、车牌、路牌、招牌

③ 学习词语：大声吆喝。

A. 指名学生读准字音。

B. 根据青蛙叫卖泥塘理解"大声吆喝"的意思。

C. 认识多音字，并组词。

④ 指导有感情地朗读句子："卖泥塘喽，卖泥塘！"青蛙站在牌子下大声吆喝起来。

⑤ 小结板书：竖、吆喝。

（3）谁来买青蛙的泥塘？

① 指名学生汇报，随机在黑板上贴出小动物的图片。

② 指导读书方法：边读边想，学会整理自己需要的信息。

③ 在书本上圈出小动物的名字。

（4）青蛙的泥塘卖了没有？

① 根据学生的汇报引导读最后一个自然段。

② 齐读最后一个自然段：于是青蛙不再卖泥塘了。

评析：读书、阅读，对学生的发展是至关重要的。从小培养学生"带着目的阅读"的习惯是奠基的工程。本环节的读书，让学生边读课文边想质疑环节提出的问题，从故事中找答案。同时，切实抓好识字教学，识字是在学生读句、读段的过程中进行的，并注重从生活现象入手，唤起学生的生活体验。例如，在青蛙吆喝"卖泥塘"时，学习"吆喝"，结合生活场景，联系生活实际理解词语。

三、再读课文，找出小动物不买青蛙的泥塘的原因，随文学习生字新词

1. 出示学习要求：我会学习，还会分享——用横线画出小动物们是怎么说

的句子，读给小伙伴听。

　　2.学生自主学习课文，自学后小组交流。

　　3.指名汇报。

　　（1）老牛不买青蛙的泥塘的原因。

　　①指名读老牛的话。

　　②随文学习生字"坑""挺""舒"。

　　A.指名读、开火车读，读准字音，提醒学生"舒服"的"服"读轻声。

　　B.给生字组词，积累词汇。

　　C.用自己喜欢的方法记住生字。

　　③指导有感情地朗读老牛的话。

　　④小结板书：周围没草。

　　（2）野鸭不买青蛙的泥塘的原因。

　　①指名读野鸭的话。

　　②指导有感情地朗读野鸭的话。

　　③小结板书：水太少。

　　（3）其他小动物不买青蛙的泥塘的原因。

　　①根据学生回答随机板书其他小动物不买青蛙的泥塘的原因：缺点儿树、缺点儿花、缺条路、盖所房子。

　　②随文学习生字"缺"，识记，根据句子意思理解字义。

　　③展开想象，说话训练。

　　小狐狸说："这里_____。"

　　评析：在阅读教学中，创设情境，将抽象的语言变得具体形象，有助于激发学生的想象。抓住老牛与青蛙的对话，通过师生合作读，让学生发现句子表达方式的特点，再让学生学着这样的方式说话，让学生在情境中理解、感悟，在实践中习得语言。同时，抓重点词、重点句品读课文，恰当运用生字卡片、教具、课件等，整合资源，为孩子提供直观的感知途径。

　　四、总结本节内容，布置作业

　　1.学生小组交流：今天这节课，你学会了什么？知道了什么？

　　2.青蛙听了小动物们的话后怎样想？怎么做？期待下节课！

　　3.布置作业：回家和家人一起读《青蛙卖泥塘》这个故事。

评析：在总结环节让学生梳理本节课学习的知识，既是"温故而知新"，又能形成知识体系，养成善于总结的习惯。同时，"青蛙听了小动物们的话后怎样想？怎么做？期待下节课！"让学生将一节课向下一节课、向课外学习延伸。

五、板书设计

21.青蛙卖泥塘

		小鸟：缺点儿树
老牛：周围没草	野鸭：水太少	蝴蝶：缺点儿花
		小兔：缺条路
		小猴：盖所房子
		小狐狸：……

六、教后反思

我在教学的过程中，结合低年级以识字为主要教学任务和低年级学生特点，随文识字，以读代讲，激发学生学习的欲望。注重创设轻松和谐的自主学习氛围，给学生充分读书的时间和空间，采用老师范读、自由读、同桌互读、师生合作读、男女生赛读等多种形式，指导学生有感情地朗读课文，如在读老牛的话时，让学生展开想象，老牛这时会这么想，让学生充分感悟，老牛说"在水坑坑里打打滚倒挺舒服"时一定是很开心的，但说到"周围没草"时一定觉得不太满意。这时，顺水推舟，让学生读出老牛的感受来。对学生的感悟体会评价采用激励性的评价语言，调动了学生的积极性，这样，学生就能在理解中读，在感悟中读，提高学生的语言感悟能力。我注重从学生的生活经验入手，唤起学生的生活体验，创设学生熟悉的情境进行教学。例如，在学到小动物不买青蛙的泥塘的原因时，小狐狸说的内容是省略的，这时，我对孩子说：如果你是小狐狸，你希望青蛙的泥塘有什么？会说些什么？学生在这样的情境引导下，从小狐狸的特点甚至自身的需要展开想象，小狐狸说缺个树洞，小狐狸说缺一条小船，小狐狸说缺张摇椅……这样的教学，不仅在课堂上营造了浓厚的生活氛围，而且把学习语文和生活联系了起来。这节课教学中，我还有很多不足的地方，如在学习野鸭买泥塘部分，我考虑在前面讲老牛的部分已经做了引导，就蜻蜓点水般一带而过，读得也不扎实。在今后的教学中，我会从多方面考虑，争取让学生在每节语文课上都有所成长。

乡村结对教师成果

《示儿》教学设计

台山市居正学校　阮珍兰

一、教学目标

（1）会写"乃、祭"两个生字。

（2）启发学生理解诗句的意思，想象诗歌意境，培养学生阅读能力。

（3）有感情地朗读课文，体会作者深厚的忧国之情并背诵、默写《示儿》。

二、教材和学情分析

《示儿》是南宋诗人陆游临终前的绝笔，是诗人临终前写给儿子的遗嘱，表达了诗人至死都念念不忘"北定中原"统一祖国的深深爱国之情。这首诗，作为一首绝笔，无愧于诗人创作的一生；作为一份遗嘱，无愧于诗人爱国的一生。全诗字句发自肺腑，悲愤交集，真挚感人，表现诗人深厚真诚的爱国之情。五年级的学生已具备较强的阅读能力，能够借助注释及课外书的写作背景资料了解这首诗的内容。但是，由于时代变迁，孩子们对古诗情感的感受力不强。如何让学生透过文字走近作者，感受诗中深刻的内涵，使其与诗中的情感产生共鸣，从而受到心灵的震撼，还有一定的难度，这需要老师结合时代背景和相关知识进行拓展。

三、教学准备

（1）网络、课外书搜集查阅陆游的相关资料。

（2）一首爱国情怀的歌曲。

（3）古诗内容相关的PPT（插图、战马嘶鸣声、古诗诵读）。

四、教学过程

1. 谈话导入，揭示诗题

（1）导入。播放歌曲《精忠报国》：同学们，听了这首歌，我想起了一个人，这个人的一生生动地诠释了"精忠报国"这四个字，他就是爱国诗人——陆游。我们今天要学习陆游的一首诗，这首诗发自肺腑，悲愤交集，真挚感人，堪称"千古绝唱"。它就是南宋著名爱国诗人陆游所写的——《示儿》。

（2）了解作者及背景。

① 出示资料，了解作者：陆游（1125—1210），南宋诗人。字务观，号放翁，越州山阴（今浙江绍兴）人。他一生坚持抗金，在仕途上一直受到当权派的排斥打击，陆游的一生，呼吸着时代的气息，呐喊着北伐抗金的战斗呼声，表现出高度的爱国主义热忱。

② 出示资料，了解背景：《示儿》诗为陆游的绝笔，作于宁宗嘉定三年（1210），既是诗人的遗嘱，也是诗人发出的最后的抗战号召。当时，85岁的陆游一病不起，在临终前，留下了一首《示儿》，表达了诗人的无奈及对收复失地的期盼。

（3）揭示诗题。

① "示儿"是什么意思："示"告诉，告之，"示儿"是写给儿子看的诗。

② 质疑：看了诗题，你能提出哪些问题？诗人想告诉儿子什么？什么时候告诉的？为什么告诉儿子？

（引导学生关注书本注解，借助注解尝试理解诗意是学习古诗的基本方法。）

2. 初读古诗，整体感知

（1）小组内自由读诗歌，划分朗读节奏。要求：读准字音，把诗读正确，读通顺。

（2）结合书中的注释，试着用自己的话说一说诗的意思。

（3）交流：这首诗陆游想告诉儿子什么？

3. 疏通诗意，理解内容

理解古诗的内容：

（1）默读古诗，找出不懂的字词，借助工具书或和同学交流。

（2）试着理解每句诗的意思。

（3）理解整首诗的意思。

诗意：我本来就知道，当我死后，人间的一切就都和我无关了；唯一使我痛心的，就是我没能亲眼看到祖国统一。因此，当朝廷军队收复中原失地的那一天到来之时，你们举行家祭，千万别忘了把这好消息告诉你们的父亲！

总结：这首诗之所以成为千古传诵的名篇，感动着一代又一代的人，是因为其间隐含着真挚深沉的爱国情意。

4. 把握重点，思考问题

朗读"王师北定中原日，家祭无忘告乃翁"这两句诗，思考下列问题：

（1）这两句诗中，最让你深刻感受到诗人什么样的情感？

（2）在这两句诗中，你除了能感受到诗人的爱国情感，还能感受到诗人的什么情感？

总结：从"家祭无忘告乃翁"这句诗中，我们可以感受到诗人的爱国情感，即使死去，也会惦记着收复失地。从"王师北定中原日"这句中，我们能看到诗人对于不能亲眼看到祖国统一的无奈。

5. 拓展延伸，升华情感

（1）出示《题临安邸》，提出问题：王师的军队到底在哪？那些权贵、皇帝在哪？他们究竟在干什么？你们此时有什么感受？北方已沦陷，南方还歌舞不休，权贵们已把自己的痛苦建立在"遗民"的痛苦之上。你能体会到陆游一颗怎样的心？（焦急、祈盼、同情、悲愤）陆游52岁时，到处竭力主张抗金，结果被罢官，他忧愤成疾，大病数十日，曾写下"位卑未敢忘忧国"。而今，生命垂危的他是"临终未敢忘忧国"，让我们再次有感情地读诗。

（2）出示两首古诗，《示儿》《题临安邸》。一起读诗，使学生从对诗意的理解走向对诗人情怀的感受，通过对比，感受诗人的忧国忧民情怀。

6. 积累提升，总结全诗

课后积累背诵陆游的爱国诗篇，如《病起抒怀》《诉衷情》《十一月四日风雨大作》等。

五、板书设计

示儿
　　　　　遗恨　　　不见九州同

　　　　　遗愿　　　北定中原日

趣、活、实——学员梁款娟
及结对教师的成果

我的教学特色

趣、活、实

开平市三埠街道办事处达德小学　梁款娟

　　从事小学语文教学工作20年来，我一直在不断地摸索和学习中与学生共同成长，引领学生学习真语文，渴望打造小学人文语文课堂，让孩子爱上我的语文课堂。我追求的教学风格类型——趣、活、实，慢慢地形成自己的教学特色。

一、趣——激发学生的学习兴趣

　　"兴趣是最好的老师。"由此可见，培养学生的学习兴趣，让学生在愉快的气氛中学习，调动学生学习积极性是提高教学质量的重要条件。我注重运用灵活多样的方法组织课堂教学，创设情境，激发学生的学习兴趣，让每位学生都参与其中，体验学习的乐趣，使他们在自由探索的过程中掌握知识、培养能力。

二、活——让课堂教学焕发出生命活力

　　让课堂活起来，让学生动起来，使教师和学生建构丰富的精神生活，享受课堂成长的欢乐。教学不仅仅是传授，更应是唤醒、鼓舞、激励。课堂中，我注重学习过程的评价，发挥表扬的激励功能，对学生在学习过程中闪现的创造火花及时鼓励，对积极主动参与学习的学生给予充分肯定。

三、实——教学中要讲求实效、高效

在教学中，我做到教学内容充实，课堂训练扎实，教学目标落实。一节课下来，看一看自己所定的教学目标是否得到很好的体现，是否真正把教学落到实处；学生是否学有所获，是否授之以渔，这些尤为重要。课后，对于班级中的弱势群体，在学习和生活上我都给予他们关爱，常看到他们的长处，多给予鼓励。课前、课堂、课后等因素的有机整合让我的语文教学实现高效。

我的教学论文

小学低年级写字教学应注重培养学生的写字能力

开平市三埠街道办事处达德小学　梁款娟

写字是巩固汉字的重要手段，是一项重要的语言基本功。从小打下良好的写字基础，对于提高学生的文化素养，促进全面发展起着重要的作用。因此，应从小学低年级开始，注重培养学生的写字能力。如何在小学低年级进行写字教学，培养学生的写字能力？现就我粗浅的认识，谈以下几点看法：

一、应充分发挥课本的示范功效

《九年义务教育小学教科书》低年级语文课本，每课课后都安排了"我会写"示范练习。练习题中出现了本课所有生字的范字和两个空白田字格，许多教师对此题的运用是将师生共同订正过笔画顺序的生字写进空格，要求学生认真写，仔细看即可。这种处理最容易导致学生把字写成左右分家、超格、偏格、多笔少画，等等。其原因是学生对范字的认识只是囫囵吞枣，知其然而不知其所以然。即使教师在批改中花大力气反复修改，可还是事倍功半。这样的写字教学不仅忽视了范字的功能，也失去了田字格对写字规范起到的意义。因此，抓住田字格及范字来突破低年级写字教学的重难点，就显得尤为重要。

1. 熟悉田字格，为写字教学构建空间位置

俗话说，熟才能生巧。小学一、二年级共要求掌握生字1200多个，这些汉字的书写练习一般都要在田字格中进行。如果对田字格的各部分（即横中线、竖中线、中点、左上格、左下格、右上格、右下格等）熟悉到能脱口而出，应用自如，要做到准确流利地书写也就不难了，因为书写时学生有了合理的空间位置做依靠。

2. 抓住横、竖中线观察范字安排

就像观察一幅图画一样，观察一个字也得抓住切入点。而田字格中出示的范字正好是以横中线、竖中线为切入点。抓住横中线容易观察出范字在书写时的上下比例和上下笔画间的协调搭配，如"架"字中的"一"，"雹"字中的"勹"，"草"字中日字中间的"一"，"常"字中口字的封口"一"等笔画正好在横中线上，像这类上下、上中下等分的字用横中线切入点观察比较合适；抓住竖中线则容易观察出范字在书写时的左右比例和左右笔画间的合理安排，如间距均匀的"那、期"字，左右等分的"尉、颗"字，对称均匀的"水、单"字等；还有的字如"央、头、灭"等直接用田字格中心点来确定结构安排效果会更佳。这种抓住切入点的训练极有利于使学生养成抓住要点把字看好看准的习惯。

3. 分析范字形体，初步形成汉字书写的结构意识

常听有的老师说，对学生的书写尽管要求很严了，有时甚至让学生多次重抄重写，可就是写不好；有的老师本人书写很优秀，但教出的学生书写差；而有的教师无论接什么样的班级，书写成绩都会立竿见影。究其根源，不能说不与指导观察、分析，指导形成结构意识有密切联系。而把字写好、写快的诀窍便是形成结构意识。在低年级语文课本每一单元复习题中都重点安排了字体结构的归类练习，如左窄右宽的"暖、慢"字，左宽右窄的"刚、彩"字，上短下长的"奇、岸"字，上长下短的"黑、些"字，左短右长的"项、唱"字，内外匀称的"回、间"字及讲求整个字体协调美观的"森、晶"字，等等。教师应准确领会课本的编写意图，并将其进行拓展，教学时既要让学生在分析、比较中领悟字体结构的最合理程度，又要相机点拨书写要点，把写字教学落到实处。

4. 注意观察笔画变化，收集书写规律

有些笔画在不同字中写法也不尽相同，这些笔画的变化往往又是直接影响字体结构的关键，如"林、欲"字左边的捺应为捺点，"背"字中月部的撇应为竖，"杏"字中木部的竖要写短，"盖"字中羊部的竖要断"尾巴"等。我们只要善于总结和运用各种影响字体结构的规律，学生对汉字规范的结构意识便会在"润物细无声"中潜移默化地形成。

二、应充分发挥迁移功效

写字教学的最终目的是培养学生把字写得正确、端正，行款整齐，有一定速度。写字教学中的迁移就是把田字格范字中学到的字体结构安排、笔画变化、字体美观度等方面的体验延伸到非田字格书写中，把要写的字正确、端正、美观地写下来。如何发挥这种迁移功效呢？一般可分三步进行。

1. 将写田字格的体验向写一般方格迁移

用好田字格的目的是为了不用田字格。教学中教师要注意引导学生把田字格放在心中，用小楷字帖、中楷字帖、作文纸等不同方格进行脱离田字格书写训练。通过实践、对比、指导，让学生体验到一般方格其实是去掉横、竖中线的"田字格"，从而排除书写非田字格的畏难情绪。

2. 将方格中的体验向直线格迁移

这是使用算术、信笺等直线格进行脱离方格的训练。训练时重点指导学生把握字里行间的距离，用书写一般方格时的经验在整排字的整齐、协调度上下功夫。

3. 将直线格中的体验向无格纸迁移

在无格空白纸上写句写段也是低年级学生经常遇到的。学生在此类书写中常出现的毛病是排行不整齐，要么爬坡，要么弯弯曲曲。此时，教师的引导就是要学生产生"此时无格胜有格"的想象，激发书写欲望。

三、提高看、听功效，促进流利书写

随着年级升高，知识量的增加，学生书写内容就要从单纯的生字、词向句群、段落，撰写作文、听记笔记等繁杂的书写内容过渡。这就要求学生必须具备流利书写的能力。

1. 会看是流利书写的基础

有的学生抄写生字时，看一笔，写一笔；抄写词句时，看一个字，写一个字，虽然认真，但长期下去只会养成呆板、缓慢的写字习惯，不利于学习。可见，教师的书写指导还得从"会看"入手。比如，看生字时，看准关键笔画，看好整个字形，一次性写下来；抄写词句时，看好整个词组或整句话，一次性写下来。这种写字活动是在对字音字形、词意句意的整体感知中进行的，是写字与识字，观察与操作的整合。

2. 会听是促进流利书写的重要条件

教学中针对书写速度的训练，应多采用听写方式，培养学生会听的能力。即教师一次性读出某字、词或某句群，不做重复，而学生要能把听到的内容完整、准确、美观地写下来，这样的书写是学生在注意力高度集中的情况下完成的，是思维、记忆、辨析与操作的整合。

授之以鱼不如授之以渔。写字能力的培养何尝不是这样呢？以上的方法和步骤既遵循了循序渐进的教学原则，又有课文内容要求的延伸，学习方法的体验，研究意义的萌发，同时沟通了示范与实践的联系，是教师指导书写的捷径，也是学生受益终身的学习方法之一。

参考文献：

［1］潘秀贞.谈低年级学生练字策略［J］.课外语文（教研版），2014.

［2］中华人民共和国教育部.义务教育课程标准（2011年版）［M］.北京：
北京师范大学出版社，2011.

（此文获2019年广东省小学语文教师优秀论文评比二等奖）

我的教学设计

《我敬佩的一个人》教学设计

开平市三埠街道办事处达德小学　梁款娟

一、教材评析

《我敬佩的一个人》是小学语文四年级下册第七单元习作教学内容。本次习作是单元学习中阅读教学的有机组成部分，是在口语交际的基础上，通过具体事例，把自己所敬佩的人物的精神风貌写出来。在教学中，要引导学生结合专题学习，瞻前顾后，让学生把在阅读中积累的语言材料、学到的表达方式运用到习作中去，做到说写结合，读写结合，做好知识与能力的迁移工作。

二、教学目标

（1）选取典型事例，表达自己敬佩的一个人，语言要流畅，内容要具体。
（2）掌握通过描写人物的语言、动作、神态、心理活动等写具体的方法。
（3）愿意将自己的习作读给别人听，并学习修改习作。

三、教学重难点

1. 重点

这是一篇写人的文章，要写出人物独特的风貌，表达敬佩之情，选材是关键。紧紧围绕"敬佩"一词来指导学生确定对象，选择材料。

2. 难点

学习运用通过动作、语言、神态描写等刻画人物的写作手法，把事情写具体，表达自己的敬佩之情。

四、教学准备

多媒体课件、习作学习单（每个学生一份）。

五、教学过程

1. 绘本导入，揭题审题

（1）老师读绘本《键儿飞上天》提问：
猜猜，故事结局是怎样的？（指名回答）
（2）你认为康康是一个怎样的孩子？
康康坚持不懈的精神多么让人敬佩，怪不得能成为军军的偶像，其实在我们身边让我们敬佩的人有很多，这节课我们一起来写一写，一起读题、审题。（引出关键词）

评析： "兴趣是最好的老师，兴趣是作文最重要的内驱力。"课前引用绘

本故事导入，激发学生写作兴趣，让学生产生"我要写"的欲望，这就是学生习作的快乐之本。

2. 合作探究，指导选材

（1）老师提示学生观察在生活中，我们身边经常见到的事情：夜深的时候，我们看到什么样的老师，什么样的爸爸？在赛场上，我们看到什么样的同学？在街上，我们看到什么样子的清洁工？当别人有困难的时候，我们看到什么样的同学？当妈妈累了，我看到……

（2）利用习作学习单，指导学生选材。

（3）交流：谁做什么事情时什么品质让你敬佩？

（4）同桌互相交流。

评析：通过素材的引导，利用习作学习单，打开学生选材的思路，避免有的同学心知肚明却难以表达，或者一时半会儿找不到下笔的内容，设置此环节，让学生明晰自己确定的范围和对象，旨在激发表现欲，调动生活经验。

3. 绘本引路，指导写法

师：让我们敬佩的人的事迹就应该向大家传播，用文字写下来是一种很好的方式。

（1）出示简单的习作，学生评议。

哪里不好？帮忙修改。这样能写出康康踢毽子时的坚持不懈吗？

（2）出示课文，学习人物描写方法，让学生明白通过这些描写方法才能将事情写具体。

（3）出示修改后的文章，学生默读，小组交流：哪些句子写出了康康的坚持不懈？

（4）学生汇报，教师相机指导心理描写、神态描写、语言描写、动作描写等描写人物的方法。

（5）出示思维导图，完善学生写作思路。

评析：这个环节，生生互动，师生互动，形成一个思维场，除了有畅所欲言的欢畅，还有思维碰撞产生灵感的欣喜。通过引导学生修改初稿，让学生掌握把文章写具体的写作方法，教学过程始终充满民主活跃的气氛，充分尊重学生，开启学生心智。

4. 明确写法，课堂练评

（1）出示写作提示，学生明确写法。

（2）学生自由练笔，教师巡视。

评析： 作文课是学生运用文字进行表达的训练课。"写"应当是落实目标的核心。教师在巡视过程中，对学生一点一滴的努力都给予鼓励，让学生发挥自己的个性，写自己想说的话。

（3）交流与评价。

① 展示佳作，指导学生修改习作。

评析： "知之者不如好之者，好之者不如乐之者。"为了刺激学生的表达欲望，调动学生参与的积极性，鼓励学生有感情地朗读同学习作中的好词佳句，分享亮点，使学生获得成功体验，增强写作信心。

② 自评自改。

③ 互评互改。

评析： 新课标明确指出"要引导学生在自我修改和相互修改的过程中，提高写作能力"。文章不厌百回改。在这一环节，我给学生创设空间，让学生在合作评改中互动交流，互相补充，循序渐进地培养了学生修改作文的能力。

④ 老师相机指导写开头、结尾，安排文章结构等。

评析： 创设情境，引导学生完善整篇习作，水到渠成，降低学生习作的难度。

5. 总结本课，指向生活

同学们，这一节课，我们写了我敬佩的一个人，写了一个片段，可以通过神态、动作、语言来表现他的品质，还可以利用我们以前学过的方法来表达对人物的敬佩之情，下课后，我们给自己的习作加上一个有意思的题目，把它加上开头和结尾写出来，可以插入图片，发到我们的微信群，让更多的人来点评，向大家传播正能量。

六、课堂总结

《我敬佩的一个人》是第七单元的习作训练，这是一篇写人的习作，初看题目感觉并不是很难写，因为对同学们来说，写人的作文，他们并不陌生，基本上都能抓住写人的要点，如外貌、动作、心理、神态、性格、品质等。但要写出好文章来，还是要多动脑筋。新课程标准提倡学生在习作中自由表达，让学生"我手写我口，我口述我心"。但要真正打开学生的思路，让他们想说、乐说实在太难。如何将作文的写法指导与学生的自由表达统一起来，是我在习作指导中需深入研究的问题。作文教学中，教师的鼓励性、引导性评价语非常重要，我还要在这个方面多做一些思考。

七、板书设计

直接说　借景说　借人说　——　我敬佩的一个人　——　动作描写　语言描写　神态描写

乡村结对教师成果

《桥》（第二课时）教学设计

开平市水口镇第一小学　陈瑞瑶

一、教学目标

（1）通过研读课文词句，结合洪水肆虐的危急情境，逐步深刻感受老汉在危急时刻把生的希望让给别人，把死的危险自己扛起来的人格与精神。

（2）积淀情感，让学生通过层层深入、有感情地朗读课文，得到语感的有效提升。

（3）积累课文特色语言，了解课文布局谋篇、环境描写的表达特点，理解题目"桥"的深刻含义。

二、教学重难点

1. 重点

结合飞速上涨的洪水，感受情况的危急，领悟老汉每一个举动的内涵与精神。

2. 难点

理解"桥"的深刻含义。

三、课前准备

课件。

四、教学过程

（一）温故知新，引入新课

（1）同学们，上节课我们初读了《桥》这篇课文。大家还记得课文讲了一个什么样的故事吗？（学生举手，教师指名回答）（课件出示课文的主要内容）

课文的主要内容：

黎明，当洪水袭来时，老村支书冒着生命危险，不存私念地指挥一百多号人有秩序地过桥，最后自己和儿子却被洪水卷走了。

（2）洪水的态势如何呢？老村长是如何指挥村民过桥的呢？中间又发生了什么意外呢？接下来，就让我们一起来学习课文的具体内容。

请同学们打开课文。（板书课题：12.桥）

设计意图：本环节引导学生回顾故事梗概，温习旧知识；教师设疑，自然导入新课。

（二）精读课文，了解故事

1. 体会洪水的凶猛

（1）师：这是一场怎样可怕的洪水呢？让我们回到课文当中，自由地大声地朗读课文，边读边想哪些句子是描写洪水的，请用"＿＿＿"画出来。

（2）指名回答，课件出示以下句子：

①黎明的时候，雨突然变大了，像泼，像倒。

②山洪咆哮着，像一群受惊的野马，从山谷里狂奔而来，势不可当。

③ 近一米高的洪水已经开始在路上跳舞，人们又疯了似的折了回来。

④ 死亡在洪水的狞笑中逼近。

⑤ 木桥前，没腿深的水里，站着他们的党支部书记，那个全村人都拥戴的老汉。

⑥ 水渐渐蹿上来，放肆地舔着人们的腰。

⑦ 老汉似乎要喊什么，但一个浪头也吞没了他。

⑧ 一片白茫茫的世界。

（3）请你在文中画出这些句子，看看这些句子都分布在文中的哪些地方。

（4）通过画句子，我们发现这些描写洪水的句子分布在文章的各个部分，它像一根线串联起整个故事。

（5）请同学们一起读读这些句子，边读边想这些句子写了什么？（写出了当时洪水很大、描写了洪水来临的场面、写出洪水非常凶猛、写出当时情况非常危险，等等）

（板书：洪水——凶猛）

（6）结合学生的回答，教师小结：这些句子是对当时环境的描写。（板书：环境描写）

师：问：那么在这些句子中，你最欣赏的是哪一句？为什么？

生：我最喜欢的是这一句——"一片白茫茫的世界"，因为这句话写出了这次的洪水非常大，把整个村庄都淹没了，一个村庄竟然成了一个水世界。

生：我最喜欢的是这一句——"死亡在洪水的狞笑中逼近"，"狞笑"这个词写出了洪水到来时那种恐怖的感觉。"狞笑"是一种拟人的写法。

生：我最喜欢的是这一句——"近一米高的洪水已经在路面上跳舞了"，说明洪水来得猛。

生：我最喜欢的是这一句——"水渐渐蹿上来，放肆地舔着人们的腰"，"放肆"这个词写出了洪水丝毫不会顾及人们的感受，疯狂地往上涨，也体现了洪水的恐怖。（课件出示：拟人写法——跳舞、狞笑、放肆地舔着）

（7）指导朗诵，试着读出"放肆"来。

（8）小结：同学们，这样的环境描写，让我们感觉到此时此刻是非常危险的。同时，我们可以想象此时此刻的村民该是多么的惊慌恐惧。

设计意图：本环节通过谈话交流的方式，引导学生感受当时环境的恶劣。

2. 体会村民的慌张、恐惧

（1）请同学们再次阅读课文，找出文中描写村民慌张、恐惧的句子。

（2）指名回答，课件出示：

① 100多号人你拥我挤地向南跑。

② 人们又疯了似的折了回来。

③ 人们跌跌撞撞地向那木桥拥去。

④ 竟没人再喊，100多人很快排成队伍，依次从老汉身边跑上木桥。

师：从这些句子中的哪些词你特别能感受到村民的惊慌恐惧，把它圈出来。（生圈出了：你拥我挤、疯了似的、跌跌撞撞、竟）

（板书：村民——恐惧、慌张）

（3）提问：这篇文章，重点是写环境危险吗？是写村民慌张吗？那重点到底是写什么呢？

设计意图：本环节通过谈话交流的方式，引导学生感受当时环境的恶劣。

3. 品味语言文字，感知人物形象

（1）请同学们再读课文，找出描写老汉的句子，感受老汉是一个怎样的人。

（2）指名回答，课件出示：

① 木桥前，没腿深的水里，站着他们的党支部书记，那个全村人都拥戴的老汉。

② 老汉清瘦的脸上淌着雨水，他不说话，盯着乱哄哄的人们，像一座山。

③ 老汉沙哑地喊话："桥窄！排成一队，不要挤！党员排在后边！"

④ 老汉冷冷地："可以退党，到我这儿报名。"

⑤ 老汉突然冲上前，从队伍里揪出一个小伙子，吼道："你还算是个党员吗！排在后面去！"老汉凶得像只豹子。

⑥ 老汉吼道："少废话，快走。"

第一，初步感受老汉的形象——他像一座山。

师：山给人怎样的感觉？

生：高大、稳重。

师：老汉没有高大的身材，他的什么给人山一般的感觉呢？

生：镇定、沉着。

（板书：老汉——沉着、镇定）

师："老汉沙哑地喊话：'桥窄！排成一队，不要挤！党员排在后边！'"这里连用三个感叹号，你体会到了什么？

生：情况危急，但老汉仍然镇定、沉着地指挥村民逃生，有强大的气魄。

第二，感知老汉的无私。

师："老汉突然冲上前，从队伍里揪出一个小伙子，吼道：'你还算是个党员吗！排在后面去！'老汉凶得像只豹子。"通过这句话，你读懂老汉的心情了吗？

生：老汉此时很焦急、恼火。

师：他为什么这样恼火？他急什么？

学生小组讨论交流，汇报：情势十万火急，谁先走谁就多一分生的希望。在老汉心中，群众的生命高于一切！他焦急、恼火的背后是一颗爱民之心。体现老汉不徇私情、舍己为人的精神。

（板书：不徇私情、舍己为人）

（3）同学们，老汉与小伙子是什么关系？你是怎么知道的？（指名回答）

（4）老师把这篇文章改一改，把句子中的"小伙子"改成"他儿子"，其他不变。问：这两个版本，你更喜欢哪一个？为什么？（课件出示）：

① 老汉顺手从队伍里拖出一个小伙子（他的儿子），骂道："你还是个党员吗？你最后一个走！"老汉凶得像只豹子。

② 小伙子（他儿子）狠狠地瞪了老汉一眼，站到一边。

水，爬上了老汉的胸膛。终于，只剩下他和那个小伙子（他的儿子）。

③ 小伙（他儿子）竟来推他："你先走。"

④ 老汉吼道："少废话，快走！"他用力地把小伙子（儿子）推上了木桥。

（5）综合同学们的讨论结果小结：这是一篇小小说，也可以说是微型小说。这种题材的特点就是：设置悬念，结局意外。

设计意图：本环节通过分析人物语言、神态、动作描写，感知老汉的镇定沉着、不徇私情、舍己为人。

（三）整体把握，再读感悟

（1）同学们，此时此刻，老汉给你留下了一个怎样的形象？小组合作试着用"桥"这个词来夸夸老汉。

（2）教师引导，学生讨论汇报。

（3）小结：是呀！是村支书用自己及自己亲人的生命搭设了乡亲得以逃生的桥——生命桥。老村支书用他自身的光辉形象矗立起联系党和人民群众的无坚不摧的桥——党群桥。

设计意图：本环节通过教师引导、学生之间的交流讨论，让学生理解课题"桥"的深层含义："生命桥""党群桥"，并感受老村支书的伟大。

（四）课堂小结

老村支书在灾难面前沉着镇定、舍己为人、无私无畏。他是一座山，一座巍然屹立的高山，一座百姓心中的靠山！更是一座桥，一座永不崩塌的生命之桥！一座建立党和人民群众之间依赖和信任的桥！

（五）作业的布置

（1）抄写生字。

（2）朗读课文。

五、板书设计

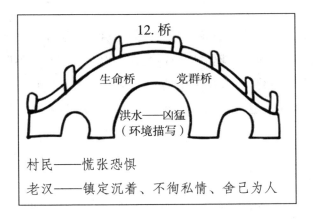

有趣、有味、有爱——学员李兰英及结对教师的成果

我的教学特色

有趣、有味、有爱

鹤山市沙坪街道第一小学 李兰英

工作20多年，我的经历平淡无奇，在同一所学校工作，长期担任低年级的语文教学。但平淡不等于无趣，环境在变，学生在变，我也不断丰富教育教学生活，不断研究教师的教法和学生的学法。多年的教学实践和感悟积淀，我逐渐找到了真实的自我，逐步形成了有趣、有味、有爱的教学特色。

一、有趣

1. 语言有趣

有趣的老师，永远是最受学生欢迎的老师。我热爱生活，不断发现生活的美，发掘有趣因子；我热爱学生，发现学生的趣，让教学生活多姿多彩；我童心未泯，经常带领学生创造生活中的趣，学习中的趣。

2. 内容有趣

低年级的学生，注意力集中时间短。我就想方设法把学习内容变得有趣。我认真解读教材，找到趣点，找准重点，"趣"破重点。

3. 教法有趣

我对低年级语文的教法、学法都做了深入的研究。识字教学、儿歌教学、

童话教学、写话教学，我都大胆去研究，并善于总结教法与学法，形成了自己独有的、有趣的教学模式。

二、有味

1. 语文味

我的语文课，语文味表现在"动情诵读、静心默读"的"读味"，"圈点批注、摘抄好文"的"写味"，"品词品句、咬文嚼字"的"品味"。

2. 人情味

对学生要尊重其人格、理解其要求、赏识其个性、激励其潜能，这就是我的语文课所体现出来的人情味。

3. 书卷味

一堂好的语文课，最好还能有点"书卷味"。当然，这是我的一种个人偏好，或者说是我的一种风格追求。有书卷味的语文课，充满浓浓的文化气息；有书卷味的语文课，常常灵气勃发、灵光闪现。

三、有爱

有爱的课堂才有光，有爱的课堂才芬芳。我用真诚的心灵聆听每一朵花开的声音。信任的眼神，鼓励的话语，轻轻的抚摸，柔声的关怀，热情的鼓掌，让我的语文课堂成为"知识的超市，生命的狂欢"。

我的教学论文

关于《汉语拼音字母表》的读法探讨

鹤山市沙坪街道第一小学 李兰英

部编版教材一年级语文下册"语文园地一"中的字母表，学习要求是什么？应该怎样读？语文课程标准第一学段目标提出："认识大写字母，熟记

《汉语拼音字母表》。"语文园地一安排学习《汉语拼音字母表》，就是为了落实课程标准的这一目标。《教师教学用书》中指出："认读、熟记字母表是为学习音序查字法作铺垫。"因此，可以明确告诉学生学习字母表的意图，激发学生学习欲望。条件允许的情况下，建议借助字典这一工具书，让学生动手找一找字典中的字母表，更加直观地感受字母表在字典中的用处。建议采用多种形式认读，让学生在多次认读中熟记字母表。

开展网络教学以来，不断有老师问到《汉语拼音字母表》的读法，在网上搜到的资源也有不同的读法。跟一些老师探讨，得到了以下三种不同的看法：

一、按上学期汉语拼音学习时声母韵母的读法来读

a	b	c	d	e	f	g
（a）	（bo）	（ci）	（de）	（e）	（fo）	（ge）

h	i	j	k	l	m	n
（he）	（i）	（ji）	（ke）	（le）	（mo）	（ne）

o	p	q	r	s	t	
（o）	（po）	（qi）	（ri）	（si）	（te）	

u	v	w	x	y	z	
（u）	（v）	（wu）	（xi）	（yi）	（zi）	

理由是汉语拼音字母的读法极为特殊，既与拼音不同，又与英语有别，学起来有点怪怪的，现在的小学生一年级有的就已经学英语了，再加上最先学的声母韵母，如果再学这个名称音，那就极易造成学生的混淆，给学习带来一定困难。按原来声母韵母的读法来教，这样学生记也容易，教者也省事，两全其美。另外，我们的语言文字是表意的汉字，汉语拼音只是一种辅助的、为学习汉字而创设的学习工具，只要会拼读就可以了。

二、按英文字母读音来读

理由是小学三年级以上都要学英语，只要能背读英语字母表也就记住了《汉语拼音字母表》。

三、按《汉语拼音方案》规定读音读

a bê cê dê e êf gê

ha i jie kê êl êm nê

o pê qiu ár ês tê

u vê wa xi ya zê

在调查中，大部分老师跟我一样，认可第三种读法。但到底该怎样读呢？为了解开心中的疑惑，我去翻阅资料，在《现代汉语知识》（人民教育出版社中学语文室编著）第一章《汉语拼音方案》中这样写道："汉语拼音字母采用的是拉丁字母。拉丁字母原是古代罗马人使用的拉丁字母，后来有所补充，成了现在的样子。这种字母笔画简单，构形清楚，是现代科学广泛使用的符号。"

《汉语拼音字母表》的用处我们老师也应该清楚：一是按国际通用顺序规定了汉语拼音字母的排列顺序，既便于记诵，又便于按音序编制索引、资料、名单等；二是规定了汉语拼音字母体式，既便于书写，又便于分清形体；三是规定了每个汉语拼音字母的名称，便于称呼。每个字母所代表的音叫本音，本音是用来拼音的。字母除了有本音之外，还有它的名称音。名称音是为了便于称呼，是字母的"姓名"。26个字母当中，元音字母只有a o e i u五个，其他都是辅音字母。元音字母发音响亮，所以元音字母就以本音为名称。辅音字母是读不响亮、听不清楚的，称呼起来很不方便，所以辅音字母必须附加元音作为名称，叫"名称音"。f（êf）l（êl）m（êm）s（ês），这是本音前附加元音名称音。b（bê）c（cê）d（dê）g（gê）h（ha）j（jie）k（kê）n（nê）p（pê）q（qiu）r（ár）t（tê）v（vê）x（xi）z（zê），这是本音后附加元音为名称音。（读作w aya的wy，是起隔音作用的字母）《汉语拼音字母表》分四行排列，读名称音时都要用普通话的阴平声调，行末的字母押（ê）韵，好像一首诗歌，念起来十分顺口。用汉语拼音字母标下来的名称音是这样的：

a bê cê dê，e êf gê

ha i jie kê，êl êm nê

o pê qiu，ár ês tê

u vê wa，xi ya zê

《汉语拼音字母表》还谱上了曲，可以通过唱来帮助孩子认读和识记它的顺序。

汉语拼音字母歌：

1=C4/4

3·2 3 1| 5 6 5—|

Aa Bb Cc Dd Ee Ff Gg,

6·5 3 5| 2 3　2—|

Hh Ii Jj Kk Ll Mm Nn,

5　3　50| i　5　60|

Oo Pp Qq Rr Ss Tt

5　6　3—| 2 3　1—‖

Uu Vv Ww Xx Yy Zz

我更肯定了自己一直以来教学《汉语拼音字母表》的读法，按《汉语拼音方案》规定读音读。这样读的好处有三个：

（1）名称音是《汉语拼音方案》规定的法定读法，这样要求便于全国有一个统一的标准。

（2）按名称音读字母合乎国际惯例。《汉语拼音方案》使用的是国际通用的拉丁字母，使用拉丁字母的国家都有本国字母的名称音，没有哪个国家是借用的。

（3）按名称音读字母表和谐动听，容易记忆。因为字母表共有四行，行末押e韵，发音清楚响亮，读起来比较顺口。

综上所述，建议语文教师们，尤其是低年级的教师们，还是按照《汉语拼音方案》要求，规范字母表的读音，进而更进一步全面正确掌握汉语拼音，正确地进行汉语拼音教学。

我的教学设计

《小蜗牛》（第一课时）教学设计

鹤山市沙坪街道第一小学 李兰英

一、教学目标

1. 知识与技能

（1）利用插图，随文识记"蜗、孩"等12个生字。通过看图学文，了解一年四季的不同特点。培养学生的观察、思维能力和想象、表达能力。

（2）有感情地朗读课文，培养学生的语言能力和实践能力。

2. 过程与方法

利用图画识字，在连环画的帮助下，理解关键的词语、句子，了解课文内容。

3. 情感、态度与价值观

在阅读中让学生了解一年四季的不同特点。在童话故事的学习中激发学生说童话、阅读童话故事的兴趣。

二、教学重点

初步尝试借助图画、生活经验读懂课文，了解一年四季的不同特点。

三、教学策略

这篇课文配有四幅色彩艳丽、季节特点鲜明的插图，旨在培养学生看图学文、自主识字、独立阅读的能力。通过指导学生观察图画、借助生活经验及分角色朗读等方法，引导学生识字和阅读，在反复观察、朗读、识记、想象等语言活动中培养学生的独立阅读能力。书写生字时，可通过教师的范写、学生的书空，引导学生观察生字特点及掌握书写规律。

四、课前准备

制作多媒体课件。

五、课前三分钟

（1）同学们，今天老师给你们带来一个谜语。

猜谜：没有脚，没有手，背上房子到处走，有谁把它碰一碰，赶紧躲进房里头。

（2）教师画小蜗牛。

师：可爱吗？你们见过蜗牛吗？你们对蜗牛有哪些了解？

生：蜗牛爬得很慢。

师：你是怎么知道的？

生：我见过。

师：看来你看得很仔细。这么认真地看就是观察。只要留心观察，生活中处处有学问。

设计意图：兴趣是最好的老师。低年级的语文教学力求做到入情入境，牢牢抓住学生的年龄特点调动其学习积极性。所以在导入新课时，通过谜语引入、结合生活体验走近蜗牛，调动学生的学习兴趣；同时以"课文讲的是小蜗牛的什么故事呢"为引子，激发学生的学习欲望。

六、教学过程

1. 板书课题

这节课我们就来学习一个关于小蜗牛的故事。伸出小手，跟老师一起来写课题。请翻开书本第108页。

2. 借助图画初读课文，随文识字

（1）学生先说说这篇课文与以往课文的区别。

（2）自主阅读课文，遇到有注音的地方多读几遍，遇到不认识的字看图猜想。

师：自由读课文，读准字音，读通句子。遇到不认识的字，如果有拼音，可以读读拼音；如果没有拼音，试试利用课文中的插图大胆猜字。

（课件：自由读课文：①借助拼音；②看图猜字）试过看图猜字吗？那来猜一个试试？

（出示：妈妈的图片和词语）怎么读？难吗？再看（出示孩子的图片和词语）会读吗？怎么猜出来的？真棒！还想猜吗？难度增加了哦！怕吗？看（玩具）猜对了吗？换一下，还会读吗？（发芽、爬山）看图猜字难吗？是挺容易、挺有意思的识字方法。难的是把这些方法用起来，通过观察上面的几幅插图，读通这篇课文。我还有个要求，遇到难读的句子，多读几遍，直到读通顺为止。开始自由读课文。

（3）读正确、读通顺了吗？只注了几个拼音的课文你们真能读通顺？那我来检查一下，我检查的方式是多变的。有时是个人读，有时是小组读，有时是男同学或女同学读。所以，你得认真听，认真看课文。

（4）给自己点掌声吧，这么难读的课文都能读，还读准了。

3. 观察插图，认识四季

（1）了解树木的变化，借助拼音、图片认读部分生字。

①引导：小蜗牛爬呀爬，小树林里的小树变化可大了，你们都知道吗？

②出示文中四幅小树的插图和四个句子（"芽、全、掉、满、碧"都带注音）：

树叶全变黄了。树叶全掉了。小树发芽了。小树长满了叶子，碧绿碧绿的。

③插图与句子配对，请学生读准上面四句话。

④请学生按小树的生长过程给四句话排排顺序。

⑤观察插图，积累词语。认读词语"碧绿碧绿"，在文中是形容什么的？齐读：碧绿碧绿的叶子。

说一说：碧绿碧绿的（　　　）

当树叶全变黄了的时候，我们可以说（金黄金黄）的树叶。

课文插图中还有什么？你能用（　　）的（　　）来说一说吗？鲜红鲜红的草莓，雪白雪白的地面，雪白雪白的花朵，嫩绿嫩绿的小芽。

（2）借助图片认读生字，了解其他景物的变化，认识四季。

① 过渡：哇，在小树不断的变化中，四季早已悄悄走过。小蜗牛爬呀爬，发现其实不仅是小树，还有很多景物也会悄悄地告诉我们四季的信息呢。

② 出示"草莓""蘑菇""白雪"带文字的图片，请学生根据图读准词语。

③ 引导：这些景物属于哪个季节呢？请你把它们放到相应的图（小树的

图）下面。

叶芽叶芽点点，已经已经春天；草莓草莓甜甜，已经已经夏天；蘑菇蘑菇圆圆，已经已经秋天；白雪盖住地面，全变全变不见。

④滚雪球式读。

小树长满了叶子，树叶碧绿碧绿的。

妈妈，小树长满了叶子，碧绿碧绿的，地上还长着许多草莓呢。

树叶全变黄了。

妈妈，草莓没有了，地上长着蘑菇，树叶全变黄了。

树叶全掉了。

妈妈，蘑菇没有了，地上盖着雪，树叶全掉了。

设计意图：通过朗读学习小蜗牛的话，并且借助书中图画，学生很容易就知道了小树的变化是随着四季的变化而变化的。通过比较加强对词语的理解，促进语言的积累，培养了学生的语言表达能力。

4. 随文识记理解生字"久""回"

读好文中的反复句。

（1）小蜗牛向妈妈描述的是哪些季节的景色呢？它错过了哪个季节？为什么呢？能找到相关的句子吗？这个句子在文中出现了几次？

小蜗牛爬呀，爬呀，好久才爬回来。

（2）理解并识记"回来"：课件出现"回"的图片。大家看图，猜一猜，这是什么字？确定？厉害！回字的字形像是有旋涡的水流，回本来的意思是旋转，返回。回字发展到现在，就变成了这个样子。

（3）理解并识记"好久"：好久，谁来读，能换个词语吗？（很久）究竟小蜗牛这一去一回要多久？多长时间？（三个月）一般，一个季节是三个月。看来，你的日常知识挺丰富的。为你点赞。那你觉得这个句子该怎么读？读得长点、慢点。你能来试试吗？（出现三个场景的三句话）其实，我也挺欣赏蜗牛的这种坚持去做一件事的精神，也因为这种精神，小蜗牛虽然错过了原来的季节，却看到了下一个季节的风景。

5. 借助图画，练习讲故事

咱们班谁是故事大王？（结合四季图）

第二年的春天，蜗牛妈妈对小蜗牛说："孩子，到野外去玩玩吧，_____花开了。"

小蜗牛爬呀爬呀，好久才爬回来。它说："妈妈，池塘里的荷叶＿＿＿＿＿＿＿的，荷花开了，＿＿＿＿＿＿＿的，＿＿＿＿＿＿＿的，还有很多呢。"

蜗牛妈妈说："哦，已经是夏天了！快去摘＿＿＿＿＿＿＿回来。"

小蜗牛爬呀，爬呀，好久才爬回来。它说："妈妈，莲子没有了，谷穗弯弯的，金黄金黄的。"

蜗牛妈妈说："哦，已经是秋天了！快去摘＿＿＿＿＿＿＿回来。"

小蜗牛爬呀，爬呀，好久才爬回来。它说："妈妈，苹果没有了，地上满是落叶。"

蜗牛妈妈说："哦，已经是冬天了！你就在家里冬眠吧。"

设计意图：这个环节让学生联系生活经验，展开联想说说四季里大自然的变化，引导学生养成乐于观察的好习惯，相机进行语言训练。通过各种形式的朗读，读出不同的语气，帮助学生理解蜗牛妈妈对小蜗牛的疼爱及小蜗牛的天真烂漫。做到以读促讲、以读代讲，在朗读中加深理解。

6. 阅读推进

还想讲故事吗？多有趣啊！不过，我得提高要求了。这些有趣的图片，有些是从这套绘本书里来的，书名叫《你好，四季》。书中讲了很多关于四季的知识。读好了这几本有趣的书，你编的故事会更有趣！

乡村结对教师成果

小学生海量阅读策略研究

鹤山市沙坪镇越塘小学　易敏华

小学语文课程标准明确提出："要从小培养学生的广泛阅读兴趣，养成良好的阅读习惯，扩大阅读面，增加阅读量，提倡多读书，好读书，读好书，读整本的书。"小学阶段课外阅读量应不少于145万字。没有大量的阅读，怎么会有知识的积累，更何谈阅读能力的提高？海量阅读就是通过课内的读书指导与交流，引导学生合理利用课余时间积极主动地大量阅读适合自己年龄的课外书籍。阅读某一本课外读物，读完一本再换一本，在有限的学习阅读时间内，实现阅读量的扩张、阅读速度的提升。

一、当前现状

当前语文教学一是内容太多、太杂；二是教学过程太烦琐、太复杂，内容多、重点多、环节多，而又往往千课一面、千篇一律；三是教学的方法、策略使用不当，教师分析内容多，抓住文本语言引导学生理解、积累、运用少。一篇语文课文的学习，一般需要三四课时，一学期也就学习30篇左右的课文，最后考试成绩也不一定尽如人意，语文素养更是欠缺。要提高课堂教学效率，教师必须追求教学内容的简约。简约，要求教师认真地钻研、解读教材，对文章进行科学、合理的整体把握，在深入解读教材上下功夫，在浅出教学内容上做文章；除了要对教学目标的数量和难度仔细斟酌外，教学方法要简便，教学内容要简约，教学用语要简练。而且必须要删除没有多大价值的知识点和教学环节，把教材中的精读课文用一节课完成，略读课文用半节课完成。在保证字词教学的基础上，一节课只围绕重难点进行阅读教学，理解不要求一步到位，学习语文不打攻坚战，不人为地提高教学难度，不过分地拔高，没有大量的家庭作业，轻松提高学生语文成绩，把鱼与熊掌兼得的美事变成现实。应该让学生多读多写，日积月累，在大量的阅读中感悟积累，应用语言文字进行沟通交流。

但是现在才发现，围绕教材打转转只能有限地提高孩子的语文素养，正所谓"蛋壳里做道场——摆不开架势"。要有效提高学生的语文素养，引导学生进行海量阅读是关键。虽然现在老师和家长鼓励学生多读书，读好书，但其重点仍然是把时间放在了课本上，在学校里学课文，在家里复习课文，每一学期都是围绕着一本语文书"千锤百炼"，学生的阅读量不够，有效提高语文素养就是一句空话。在语文课堂之外，很多家长也都不知道该如何给孩子选择合适的阅读材料，因为担心孩子被一些不良的信息所干扰，所以家长们选择的书目种类相当有限。造成这样情况的原因其实有很大一部分是他们忽视了阅读对于语文学习的重要意义，他们认识不到其实小学语文认字的教学目标完全可以通过阅读这一途径来实现，而且这种方式学生也更容易接受。所以说，在小学阶段，通过海量阅读的方式锻炼他们这方面的能力，就能够让他们提前打好基础。小学阅读教学，仅仅依靠课内的文章是很难满足实际的教学需求的，所以说，我们有必要借助于海量阅读的方式在这方面对他们进行补充。

二、研究措施

阅读是教育的核心，让孩子更加懂阅读、爱阅读。在课内就实现从学教材，到读丛书，读大量精品书籍，从而实现多读书、读好书、好读书的目标，实现从教教材到用教材教的教学理念与实践的飞跃。一节课只有40分钟，怎么可以做到原先学习一篇课文，现在要学2—3篇课文，甚至更多呢？也可通过"课内海量阅读"，一本语文课本的学习，一年级需要三个月，二年级需要一个月，三年级需要两周，到高年级时，学生便每天与经典同行，与圣贤为伍，能高谈宇宙之奥秘，纵论天下之文章；也能妙语连珠，华章迭出。所以在语文课内必须实现海量阅读，才能把语文基本知识及技能，通过海量阅读习得方法和提高能力，涵养人文素养。只有在课内做好对学生所读的整本课外书的指导与交流，学生课余读整本课外书的效果才能落到实处，一周至少两次，一学期师生至少共读三本课外书，学生自由阅读至少五本课外书，用海量阅读的方式来帮助同学们扩宽自己的知识面，完成自己的阅读积累。这对于提高我们的教学质量是非常有帮助的。

学校要贯彻"人人阅读、天天阅读暨海量阅读"的重要教学理念；要求每个学生按时按量完成阅读任务；重新建设精准的图书馆，学校定期统一组织阅读测试，目的在于把问题前置，防止孩子做表面文章，从量到质进行全面把关。学生需要看多少书、看什么书、什么时间看书，要从量和范围上制定、指导，有标尺。

要在小学中推进海量阅读的阅读方式，首先要做的应该是改变家长对于阅读的认识，以获得他们的支持。班级中进行的问卷调查可以发现，有百分之三十的家长都给自己的孩子配备了书橱，有百分之五十的家长都会有意识地为学生营造安静的读书环境。很多家长都觉得在小学阶段为孩子购置大量的课外书是一件没有意义的事，他们不舍得在这方面投入大笔的金钱，虽然说因为老师的硬性布置也会给孩子买几本书。要通过丰富孩子阅读量的方式来提高他们的知识积累，首先就是要让家长们改变这部分认识，让他们认识到读书的意义。这部分工作可以通过家长会的形式，让老师与家长们进行及时的沟通。

对于阅读材料的选择我们可以这样做：首先在征得家长的理解与支持之后，可以鼓励同学们将自己的藏书带到学校，在教室里开辟一块"读书角"并且安排专人进行管理，通过这样的方式可以让学生们明白书本的价值。再有，在日常的语文课堂上，既要做到对于课本的精确讲解，又不能够让学生的阅读思路被课文所限制，可以分专题给学生们推荐阅读的书目。童话部分可以选择《格林童话》《安徒生童话》等学生们乐于接受的读物。选择的阅读材料也应该是与我们的生活息息相关的，如《十万个为什么》《人与自然》，等等。这些书里的知识都能够帮助同学们思考日常生活中经常会遇到的一些问题。

三、开展各种形式的阅读活动

（1）我校要求在每节语文课之前拿出几分钟的时间来让同学们讲故事；国庆节宣扬爱国思想教育、母亲节宣扬感恩教育、植树节宣扬保护环境的意义等。而学生要参加这样的活动，就需要将阅读的书本内容总结成自己的想法，然后再进行集中展示。其实就是对他们能力的一个很好的锻炼。

（2）小组内开展各种读书活动，小组间进行读书方面的比赛活动。根据队员的阅读数量和质量进行评选优秀书香小组。

（3）制定恰当的评价激励手段，为了让孩子养成读书习惯，如奖励借书券、小奖状、给同学们讲故事、光荣榜、每周之星、展示作品、微信上发表照片，形式不断变化，确立人人成功的阅读星级评价策略。

四、总结

小学阶段的阅读其实是一项非常重要的内容，这关系到学生能够高效、准确地获取信息，并且提高自己的综合能力。海量阅读要想成功，必须做到坚持不懈。当前语文教学读是硬道理，语言的学习以积累为本，大量阅读为语文学习奠定了基础，才会由量变到质变。积累多了，考试就如小菜一碟。海量阅读的直接结果，推动了学生对汉语言文字的阅读量，阅读量的加大，直接促进了学生对汉语言文字信息的熟悉、了解、掌握和运用，从而强化了二者之间的亲和力。不积跬步，无以至千里；不积小流，无以成江海。潜下心来阅读，让我们一起行动，踏出海量阅读的第一步，并坚实地走好每一步吧。

参考文献：

［1］王源源.小学中高年段语文课外阅读指导现状调查研究［D］.南京：南京
　　师范大学，2015.

［2］王莉.小学语文自主阅读现状调查与研究［D］.烟台：鲁东大学，2014.

（此文在2018年度鹤山市中小学、幼儿园教育教学论文评比中荣获二等奖。）

求活、求新、求趣——学员郑礼娜
及结对教师的成果

我的教学特色

求活、求新、求趣

江门市蓬江区农林双朗小学　郑礼娜

为了让学生在40分钟的课堂中保持饱满的学习热情，我在课堂教学中逐渐形成了求活、求新、求趣的教学特色。

一、求活

我尝试在高年级语文教学中淡化课文间的严格界限，采用"单元整体教学法"进行授课，结合单元的训练重点进行词语的组块、句子的组块、段落的组块及写法的组块，让学生在各种组块中求同存异，得到内化与积累。

二、求新

我在课堂上常用的教学手段有：

1. 赌

课堂上，我用打赌的方式，让学生在赢的喜悦和输的教训中加深印象，提高课堂参与度。

2. 戏

在课堂气氛低落的时候，我经常用游戏的方式重新唤醒学生学习的热情，激发学习的兴趣。

3. 秘

我充分利用网络平台分享作品的背景或作者不为人知的小秘密,消除神秘感,拉近距离,和学生在学习情感上打成一片。

三、求趣

巧妙提问,营造愿学乐学的课堂氛围。

在课堂教学中,我的问题力求新颖,从新的角度进行提问,促进学生带着浓厚的兴趣去寻求答案。我也常预先设计或在教学中随机捕捉一些具有争议性和挑战性的问题,让学生辩个明白,争个透彻,达到"寓教于乐,乐而不嬉"的目的。

"活、新、趣"紧密联系,相辅相成,构成了我的课堂教学特色。我力求透过这三个特色,打造充满"鲜活与生动"、透射出生命活力的语文课堂。

我的教学论文

写作素材的积累和运用策略初探

江门市蓬江区农林双朗小学　郑礼娜

我在作文教学中经常遇到这样的情形:每到写作文时,学生抓破头皮,咬烂笔头,就是写不出来,即使七拼八凑地完成了一篇作文,也是内容空洞,语言乏味,条理不清。确实,在作文课的教学中,往往是教师挖空心思地教,学生硬着头皮地写,效果却适得其反。这与新课标的要求大相径庭。有的老师把会写作文的条件高度概括为:会写字,有生活,懂感情。这种通俗化的说法,对于广大家长和学生而言,是极其抽象的,是玄而又玄的。我就这三年所任教六年级的单元作文做了一个简单的统计,结果发现,就六下(人教版)第一单元习作《难忘的"第一次"》,有80%的同学选材是"第一次学骑自行车",第三单元习作写"人们互相关爱的事情",有60%的同学写的是下雨天没带伞，得到同学舍己为人的帮助，学生作文出现千人一面的选材现象。对此，我做了深刻反思，并深深体会到，学生不会写作文，往往是存在这三个问题：①有生活，但缺乏生活体验；②会写字，却不会言语表达；③有感情，却不懂得如何表达感情。

语文课程标准明确指出："写作教学应贴近学生实际，让学生易于动笔，乐于表达，应引导学生关注现实，热爱生活，表达真情实感。"学生写作能力的形成不仅要有观察能力、想象能力、思维能力作基础，而且需要有较强的阅读能力和表达能力。古人云：厚积而薄发。即强调了积累是写好作文的先决条件，可见素材积累的重要性。著名教育家叶圣陶先生也说过："生活犹如源泉，文章犹如溪水，源泉丰富而不枯竭，溪水自然活泼流之不尽。"要解决学生"没有东西可写"和"不知道怎么写"这两大困难，老师就必须有意识地丰富学生的生活，引导学生从丰富多彩的生活和阅读中积累习作素材。只有这样，才能达到"胸藏万汇凭吞吐，笔有千钧任翕张"的写作境界。可有以下策略：

一、在生活实践中建立人物库、事件库、景物库

在生活实践中建立人物库、事件库、景物库等，指导学生走近生活，进行生活素材积累。

1. 掌握观察方法，找寻素材

由定向观察到连续观察再到全面观察，处处留心周围的人、事、物，做生活的有心人，培养学生热爱生活、赞美生活、关心他人的思想品质，为逐步树立实事求是的文风打下坚实的基础。

2. 自我生活经历和社会生活中积累独特的素材

从自我生活经历和社会生活中积累独特的素材，包括我、我与学校、我与家庭、我与社会四大方面，积累具有闪光点、美点、观点性质的精彩片段。

3. 文字画出心灵深处奇观，写作成为表达思想观点和沟通心灵的手段

让学生用文字画出心灵深处的奇观，让写作成为他们表达思想观点和沟通心灵的手段，从而把写作融入他们的生命中去，成为成长的一部分，表达生命的一部分，而不再是一种负担。

二、在阅读积累中建立好词佳句库、布局谋篇库、写作手法库

在阅读积累中建立好词佳句库、布局谋篇库、写作手法库等，指导学生发挥文本作用，细化课外阅读，注重语言积累。

1. 挖掘教材，感受语言，内化为写作素材

读是训练学生眼看、口读、脑想等感官的综合活动，教材对学生写作和作文教学可以起到例子的作用，所以，我们要充分利用课堂40分钟的时间，使学生接受语言信息，接触语言符号，人人有不同收获，从而愿意主动去读，在读中感知语言、积累语言。

2. 注重背诵课文，记忆语言，上升为写作素材

读后仿写，是训练学生作文基本功的一种有效方法，也是提高学生写作能力的一种行之有效的好办法。每一篇课文都是训练写作的好范文，让学生积累一部分词语和句子，并根据自己的能力归类整理，使其进入记忆库。

3. 细化课外阅读，积累语言，转化为写作素材

课外阅读是积累语言、知识材料的重要途径。学生习作中的词语相当一部分来自课外阅读，作者的写作意图往往会通过他独特的写法呈现出来，要带领学生从文字表达去探寻和发现作者的写作匠心，探寻作者表达的密码，从而发现文字的奥妙。

三、在联想中分析思考，提炼技巧，指导学生恰当运用写作素材构思文章

1. 学会想象

这是情景再现和表现情景的需要。情景再现需要想象，如读文学作品的时候，能迅速唤醒自己的生活体验，再现出作品中的生活情景，实现文字与生活情景的转换，即迅速进入故事当中，如临其境，如见其人，如闻其声，跟作者产生情感共鸣，获得深刻的感受，这也是获得生活体验的一个途径。表现情景需要想象，当学生写作文的时候，他的头脑当中应该是具有清晰的生活情景的，他需要努力地用文字去呈现这个生活图景。心中的生活情景越是清晰，写得越是细致通畅。

2. 学会写作技巧的提炼

如何用文字表达，学生需要掌握一定的写作技巧，教师要通过读书发现，引导学生整合创新，抓住习作题目要求和材料本身特点纵深挖掘思考，从而学会用独特的构思方式，与众不同的话语讲故事，塑造不同的人物形象。这样必能"材为我用"，水到渠成地写出精彩的、自我的文章。

每个孩子的内心深处都渴望快点长大，就像春日里的竹子一样嚓嚓地拔节，那是一种成长的快感。习作训练应讲求层次性，应该让孩子们在由易到难，由扶到放，在循序渐进的习作点拨和指导中，得到实实在在的进步，切身感受到从不懂到懂，从不会到会的跳跃和生长，获得一种生命拔节的感觉，奏响高效习作指导的新乐章。

参考文献：

［1］孙建峰.习作指导，本意在于唤醒［J］.湖南教育：语文教师，2007（12）：41–42.

［2］梁倩，朱英.小学习作指导的"缺位"与"部位"［J］.语文教学通讯（小学），2015（1）：48–51.

［3］孙中华，王佩彪.习作学习中的"六多"，浅谈我的习作指导［J］.教育教学论坛，2012（29）：235.

我的教学设计

群文阅读层层推进——《千年梦圆在今朝》（第二课时）教学设计

江门市蓬江区农林双朗小学　郑礼娜

一、教材分析

《千年梦圆在今朝》是人教版语文第十二册第五组的略读课文。课文叙述了中华民族几千年来的飞天梦想在几代人的不懈努力下得以梦圆，热情地赞扬了中国航天人热爱祖国、团结合作、默默奉献、敢于探索、锲而不舍的精神。

二、教学目标

1. 知识与技能

自读自悟，利用思维导图理解课文主要内容，了解航天事业的伟大成就。

2. 过程与方法

通过群文阅读，培养学生信息梳理和整合能力，走进航天科技，培养科学精神。

3. 情感、态度、价值观

激发学生的民族自豪感，播下探索未知的种子。

三、教学重、难点

（1）自读、自悟理解课文的内容，了解我国航天事业的重要成就，体会科学精神。

（2）多文本阅读，提高学生对信息的提取、分析、整合能力，拉近学生与航天科技的距离。

四、教学过程

1. 紧扣时代脉搏，激情导入

师：同学们，2003年10月15日，中国航天人送给中国一份大礼，送给世界一个惊喜，你们知道是什么吗？让我们通过视频穿越时空，回到那激动人心的一刻吧！

（播放"神五"飞天视频。）

师：飞离地球、探索太空，是中华民族很久以来的梦想。今天，让我们一起探索中华飞天梦的心路历程吧！请读课题。

设计意图：热情是最好的催化剂。通过视频回顾当年的飞天辉煌，告诉孩子们飞天是中华民族千年来的梦想。

2. 紧扣题目，设疑自学

师：读了课题，你有什么疑问？

（1）整理问题

预设：千年梦是什么梦？怎样圆的？

（2）带着思考自读课文，找到答案。

交流反馈，相机板书。

设计意图：让学生带着疑问进入文本探索，总体把握课文内容，激发自主学习兴趣。

3. 紧扣重点词句，感受体会

（1）连续提问

① "神五"英雄杨利伟用了三句话概括了他21小时的太空旅行，你能找出来吗？你怎样理解这三句话？

② 还有哪些人也参与了这次任务？他们是怎样做的？

预设：有的人为了工作的及时、方便，将铺盖搬到了工厂车间；有的人积劳成疾，几次住进了医院；有的年轻人虽风华正茂却华发早生；有的人甚至为此付出了全部心血与生命，未能等到成功的那一天便猝然长逝……

③ 读着句子，你仿佛看到了什么？感受到了什么？

④ 还有的航天人员会怎样做？想象一下。

（2）说故事，指导朗读。

在酒泉卫星发射基地，有一座烈士陵园，这里长眠着600多位航天工作者，他们牺牲时，平均年龄不满25岁。他们有的为了寻找飞船残骸而渴死沙漠，有的为了攻克技术难关而英年早逝，有的为了排除险情而英勇牺牲。

这座墓碑的主人叫王来，38年前那个黄昏，火箭推进器突然着火，24岁的王来奋不顾身冲进火海抢救设备和战友，自己却被烧成了一个火球。当人们赶来抢救他的时候，他却一边大喊："不要过来！"一边义无反顾地冲向沙漠。茫茫戈壁，留给我们的，只有他身后38个烧焦的脚印。

这一块块墓碑不会说话，却永远铭记着一个个感天动地的航天英雄！让我们饱含深情地再来读读这段话吧！

设计意图：通过重点句子的朗读指导，让学生体会载人航天工程的艰巨和困难，感受中国航天人热爱祖国、默默奉献、勇于探索的精神。

4. 紧扣飞天梦想，群文阅读

师：航天科技离我们那么远，国家却投入了大量的人力物力，值不值？

阅读和讨论：航天，那么高大上，和我们的生活有什么关系？我们为什么探索宇宙？

设计意图：通过群文阅读，体会航天科技让生活变得更加美好，引发学生对航天科技的兴趣，进一步了解航天的伟大意义，把语文学习引向更广阔的读写空间。

5. 总结全课，憧憬未来

师：大鹏一日同风起，扶摇直上九万里。航天人的精神值得我们永远铭刻，诗人蔡桂林写了一首诗歌颂航天英雄，男女同学请分角色读一读吧。

设计意图：以诗结尾，再次感受航天人的伟大成就，感受强大的中国科技力量，拉近学生与航天的距离，把热爱科学、关注航天的种子埋进心里。

教学反思：一节课只有40分钟，但40分钟不应该是一个封闭的圆。今天的语文课堂，更关注学生素养的全面提升，更关注学生语文实践能力的培养，更倡导自主、合作、探究的学习方式。而这节课，正是以此为目标，紧扣时代脉搏的议题选择和文本整合，全面提高学生的阅读能力。本节课最大的亮点就是：教学内容板块化推进，以有效设问引领阅读实践。从"感受航天科技的巨大成就"到"观看视频发现更多的航天成就"到"航天科技与生活有什么关系"到"我们为什么要探索宇宙"，在层层推进的教学环节中，学生由单篇文本梳理，到多篇文本整合，提高学生的阅读能力。

评课：郑礼娜老师的《千年圆梦在今朝》这一堂略读课真正地演绎了略读课如何处理才能略教丰学，是一堂较好的示范引领课。现将我的听课收获总结如下：

（1）关注了学生对课外资料的搜集和整理。上课开始，让学生说说对中国梦的了解及课中载人航天的成功离不开哪些人的努力，学生将自己搜集到的人物做了介绍，有效补充了课文背后的内容，有利于对文本的理解。

（2）关注了重点段落（精读部分）的拓展延伸。高年级语文教学要避免面面俱到的琐碎分析，要抓住重点，针对教材特点，针对教材所承担的语文教育任务，围绕中心问题展开讨论。郭雪晶老师抓住了文中的一组排比句："有的人为了工作的及时、方便，将铺盖搬到了工厂车间；有的人积劳成疾，几次住进了医院；有的年轻人虽风华正茂却华发早生；有的人甚至为此付出了全部心血与生命，未能等到成功的那一天便猝然长逝……"处理这一组排比句时，郭老师先让学生理解"积劳成疾""风华正茂""华发早生""猝然长逝"四个词语，再体会这一句表达的意思，并将词语背后的人物及故事进行补充，让学生明白了每个人都是集体中的一员，每个人都将自己的精力和智慧贡献给了集体，飞天成功既是千万人的个人努力，更是合作的结果。练习设计"有的＿＿＿＿＿＿＿＿＿＿，＿＿＿＿＿＿＿＿＿＿；有的＿＿＿＿＿＿＿＿＿＿，＿＿＿＿＿＿＿＿＿＿；"便将略读课的拓展延伸完成得很好。

（3）音像资料的播放恰到好处。播放有关音像资料，可以加深学生的印象，激发学生的情感。在课快结束时，郭老师播放了"神五"飞天的录像，让学生感受到了飞船发射的壮观场面，而且给学生传达了两个信息：一是我国的航天技术已经处于世界领先水平；二是祖国未来的发展要靠年轻一代。正是课已结束，而意味却无穷。

（此课例获江门市语文优质录像课比赛二等奖）

乡村结对教师成果

小学语文高年段写景习作教学策略初探

江门市蓬江区丹灶小学　杨小娟

写景类文章是小学阶段习作训练的重要内容，每个年段均有编排。教材中每个年段的写景习作要求呈螺旋式上升的发展趋势。我从以下三方面谈谈高年段写景习作的教学策略。

一、触发联想，感悟事物

1. 相似联想

相似联想是写作中很有价值的一种联想，它借助一事物与他事物在形象、性质上的相似，由一事物联想到与它相似的事物。比如，六年级上册《山雨》一课中，作者把"雨落山间"的图景化作"指弹琴键"。习作指导中，引导学生延伸感受，触发相似联想，形象生动地描摹景物的特点。又如六年级下册《桃花心木》一课中，借物喻人的手法也运用了相似联想。作者由桃花心木在艰苦环境中经受考验，最终茁壮成长的育树的道理，联想到育人的道理——人克服重重苦难，习得独立自主的能力才能成为生活中的强者。

2. 纵向联想

纵向联想即顺着事物的时间线，纵向展开联想。比如，六年级上册《山中访友》一课中，作者从落叶联想到这种旧生命体将归入泥土，化作养分，孕育出新的生命，感悟生命轮回更替的道理；从石头联想起它数亿万年前的形态——火山爆发熔岩，感悟时间的变迁。因此在写作当中，可以对景物展开纵向的因果联想，以现在为节点，联想过去、将来，这样才能思接千载，感物抒怀。

3. 横向联想

横向联想即由一件事联想到与之相关的任何事物。《山中访友》一课中，作者探访老桥，以此为中心，联想到它曾俯首躬身，把无数人马渡过对岸，想到波光明灭，泡沫聚散，唯有天上的明月与古桥相伴，永恒屹立。横向相关联想，丰富了老桥这一景物描写的意蕴。因此，写景习作当中，我们应拓宽景物观察面，由点及面，以一事物为中心，拓展联想相关事物。

二、纵情想象，细致描绘

1. 拟物法

拟物法即把自己想象成某物，进而想象自己是如何生活和变化的，想象眼中的世界是什么样子的。《山中访友》一课中，作者靠在树上，想象自己也变成了一棵树，身体变成了树的各个部分，通过想象创造出人景合一、物我相融的境界。因此，教授本课时，可设置小练笔：当我们看到美丽的景色时，我们可以通过想象，把自己化身万物来进行表达，当你坐在山脚下，自己仿佛也变成了一座山时，你会产生怎样的想象呢——

"我坐在山脚下，仿佛自己也是一座山。双脚变成了沉稳的山谷，骨骼变成了泥土和岩石，血液变成了汩汩的溪流。俯身眺望着山腰上郁郁葱葱的森林，低瞰脚下延绵草甸。白天，知了、蟋蟀奏响交响乐，夜里，鸟儿在我怀里休息，为我唱安眠曲。"

上述习作中，学生通过角色错位的想象手法，把自己想象成一棵树，描绘出自己眼中的世界。这种创造想象，令景物描写的内容更加丰富。

2. 拟人法

拟人法即把物当作人来写，赋予事物人格，以求把景物写得神形毕现，栩栩如生。比如，在六年级上册《草虫的村落》中，教材要求学生展开想象，写一写自己观察过的小虫。习作指导时，要引导学生运用拟人这一想象的手法，赋予虫子人的动作与情态——

"仔细一看，一个黑影出现在一团小泥球后面。小巧灵活，原来是屎壳郎！他一直推着，突然，一个旁逸斜出的小土坡挡住了屎壳郎的去路。只见屎壳郎头朝下，前肢撑地，后肢顶住粪球，费了九牛二虎之力，好不容易推上了'半山坡'，粪球一不小心'骨碌'一声，便把屎壳郎卷上滚到土坡下。他努力站起来，已经是'鼻青脸肿'，身上全是尘土，但是他不甘失败，拍拍身上的土，摸了摸差点'脑震荡'的头和隐隐作痛的脚。'嗬哧嗬哧'，再次小心翼翼地推上山坡。他用头一个劲地顶，前肢不停地向后抵着。推呀推，功夫不负有心人，不一会儿，粪球就被推上去了，屎壳郎兴奋极了。"

上述习作中，学生通过"拟人法"，把屎壳郎推泥球的画面写得活灵活现，赋予屎壳郎以人的动作和神态，塑造出屎壳郎"永不言败"的形象。

三、情景结合，营造意境

1. 移情于景

移情于景即作者带着自己的遭遇或处境而产生的强烈情感，如欢乐、悲哀等，去观察描写客观景物，并把这种主观情感融入对客观景物的描写中，以客观之景来寄托情感。在创造意境的过程中，作者藏情于景，一切通过画面来表达，虽不言情，但情藏景中，更显情深意浓。比如，李白的《送孟浩然之广陵》表面句句写景，实则句句抒情。全诗均是客观景物的具体描写，字面上没有一点透露出对友人的态度。但从烟花三月、黄鹤楼头的美景中，暗含对友人的祝福；诗中也没有直抒对友人依依不舍的眷恋，而是描绘了孤帆远影中伫立江边怅然若失的诗人形象，情意更显深切。

因此，写景教学要注意引导学生在描写景物时，注意调动个人内心独特的感受，移情于景，令笔下之景契合心中之情，达到"感时花溅泪，恨别鸟惊心"之境。

2. 情景交融

情景交融即景物的描写与情感的抒发交叉穿插，达到浑然一体的程度。五年级上册《草原》一文中，记叙作者第一次见草原，被草原的辽阔、碧绿和美丽所陶醉。作者既描写了草原美景，又抒发了感叹："这种境界，既使人惊叹，又叫人舒服；既愿久立四望，又想坐下低吟一首奇丽的小诗。"景语情语交织在一起，展现出草原风光的无限魅力。

因此，写景状物时，应融入人物的情感，让景语和情语互相烘托渗透，达到两者密不可分的艺术境界，避免陷入习作中只见景不见情，对景物的刻板描摹之中。

教师在高年段的写作教学中，要充分了解本学段的知识、能力目标的变化，探寻有效的写景习作方法，让学生更有效地进行写景习作，提升语言的实践能力。

参考文献：

［1］徐江波.小学语文写景散文的习作价值探寻［J］.中小学教学研究，2016（7）.

［2］郦远娥.别用一把尺子量学生：例谈小学阶段写景习作教学的梯度训练［J］.湖北教育，2015（3）.

慈、乐、实——学员梁华剑及结对教师的成果

我的教学特色

慈、乐、实

江门市恩平横陂镇中心小学　梁华剑

　　时间如白驹过隙，转眼间在工作岗位上已经奋斗了21个年头，在忙忙碌碌中，我以勤学、善思、实干为准则，不断地探索，反思，总结，锐意创新，真抓实干，形成了自己的特色：慈、乐、实。

　　在教学工作中，我善于利用新型的师生关系来激发学生学习的情绪、态度、兴趣、方法。重视课堂中与学生的情感交流，对每个学生都充满了爱，在课堂上洋溢着师生之情，使学生敢于发表自己的观点，用慈母般的态度拉近了与学生的距离。由于与学生建立了平等和谐的关系，课上幽默风趣的语言，贯穿"星星换太阳"的奖励方法，调动了学生的积极性，将"教、导、悟"教学思想融入教学，把音乐、影视等因素制作成PPT，让学生在轻松快乐的氛围中做到了读中感悟，读中体验，读中提升，注重基础知识掌握和对学生说的能力的培养，教学环节层层递进，实现课堂有效、高效、扎实，让学生动起来，让课堂活起来，努力打造每一节生动形象、妙语连珠、生动有趣、扎扎实实的语文课堂。

　　由于心中有爱，课上得快乐、扎实，学生收获满满，学生喜欢我的课，我也深爱我的课堂，大爱语文这份乐土，要让特色大发光彩。

我的教学论文

小学语文快乐作文初探

江门市恩平横陂镇中心小学　梁华剑

作文教学是教学工作中公认的难点。在工作中，我结合自己多年语文教学的做法，激趣指导，引导学生做生活中的有心人，让学生走进生活，搜集写作素材，置身在自由、轻松、快乐的写作环境中，从而爱上作文，乐于表达。

一、兴趣，快乐作文的源头

兴趣是唤醒学生的根本写作动力，是做好一件事的关键性因素。学生写作有了内驱力，就会乐于写。为了拉动他们的内驱力，我在班上先将全班同学依据分班考试成绩，好、中、差搭配，均衡地分配到六个小组中去，将桌子并在一起，在教室里形成六个板块。每个小组的平均成绩基本相同，实力相当，自从在班内开展"星星换太阳"活动后，各组学生的作文兴趣变得更加浓厚了。例如，在指导五年级上册作文《我心爱之物》时，先让每个小组的学生每人带一样心爱之物来，课上小组讨论交流后，每组派代表上台进行交流，在交流的过程中，对纪律、交流效果进行评奖；凡是上台交流的同学都能获奖，这样，就大大地调动了学生的积极性，通过学生的口述交流，学生写起作文来也不吃力了，后进生在小组长的带领下也进步不小。

二、激励，快乐作文的起步

当一个人取得一点点成绩、受到表扬时，是一件既有成就感又倍感光荣的事。例如，在每次作文指导课中，我坚持以表扬为主，对写作有进步的学生重在鼓励并奖星；对写作有困难的学生善于发现他们的点滴成功之处，加以鼓励和表扬，从而调动他们写作的积极性，坚定学生写好作文的信心。为了调动学生写作文的热情，一直以来，我开展了一系列的活动。例如，在五年级上册《我心爱之物》作文指导中，通过学生作文后，对学生写得好的作文，除了在全班朗读以外，还根据班上的奖励机制对其予以奖励，并把作文打印出来，张贴在班上，于学期末装订为作文集。他们的作品被打印成铅字，收入作文集，就会感受到成功的喜悦，对写作文也就更感兴趣。写作是快乐的过程，作品是自信、成功的载体——生命在享受着。写作快乐了，生活就快乐了，学生就会享受到自由与完美带来的快乐。

三、训练，作文快乐的保障

在平时的作文训练中，我注重对习作的悉心指导，给学生锻炼的机会。例如，在每次预习新课时，要求学生在课文或段落有感触的地方写批注，字数不限，一句话、几句话或一段话都行，只要是自己的感受就行。学完每一课后，要求学生写写学完这一课的感受或最想说的话。每次作文写完后，在指导学生自己修改时，要求学生把作文本放到班级内设置的作文展示台上。我会利用课后时间把所有同学的作品欣赏一遍，提出自己的修改建议，这样极大地训练了学生修改作文的方法，又提高了写作文的水平。例如，在教学五年级上册《我心爱之物》时，有了在《珍珠鸟》一课的学习指导作文的方法，要求学生从对一种鸟的小练笔，然后延伸到写心爱之物。课上通过学生的观察讨论，一节课的训练写作，交到展示台，要求学生课后去看其他同学的作品，指导他们从句子通顺、错别字、结构、心爱的来源等方面进行修改，然后再利用一节课的时间让学生加以训练，这样一篇文章，在多次的训练修改中完成，学生写作起来也不那么吃力了。好的文章是修改出来的，这样反复修改的过程，其实也是个快乐的过程。

四、点评，快乐作文的进步

写作，对于每个人来说，是一个让人终身受益的享受快乐的过程。在每节作文指导课点评中，我都营造轻松愉快的环境，先让学生在愉悦的音乐中将自己的作文读出来，再讲讲自己在创作过程中的思路，并对其进行综合性的评价，安排别的学生进行点评，然后我对这篇作文中的精彩之处和不足的地方进行有针对性的点评，引导学生们将这篇作文中的好词好句找出来，针对不足之处要委婉提出并让学生加以改进。学生修改作文时，对其给予充分的帮助，使他们看到自己的优点和不足，从而更好地取长补短，让学生在快乐写作的过程中提高作文水平。例如，在教学《我心爱之物》这篇作文时，课上，我先用课件展示一些物品，以此对学生进行引导，从外形、作用、心爱原因等方面进行教学；让孩子在宽松安静的环境下写完后，在小组内进行讨论，并做修改点评。最后进行集体点评、演示，引导学生扬长避短，提高写作水平。通过点评，既训练了学生的表达能力，又让学生知道自己在哪个方面存在不足，这就是真正的快乐作文。

作文教学是小学语文的重要组成部分，是提升写作素养的一个最好的评价过程。为了调动学生的习作兴趣，以快乐习作为着力点，让学生乐于习作，我要不断探索，博采众长，使学生的作文水平得到提高，让学生在作文中得到成长，感受到快乐。

参考文献：

［1］中华人民共和国教育部.义务教育小学语文课程标准［M］.北京：人民教育出版社，2012.

［2］中华人民共和国教育部.义务教育小学语文教科书五年级上册［M］.北京：人民教育出版社，2019.

［3］管建刚.我的作文评改评隔［M］.福州：福建教育出版社，2010.

［4］管建刚.我的作文训练系统：管建刚作文教学系统［M］.福州：福建教育出版社，2011.

我的教学设计

巧用游戏乐中习作——《场景作文描写》教学设计

江门市恩平横陂镇中心小学　梁华剑

一、教材分析

《场景作文描写》是人教版五年级上册第八单元习作。本组课文以场景描写为主，如《开国大典》《毛主席在花山》等文章，抓住了一个个场景描写。因此，我在教学过程中，贯穿游戏"开核桃"，让学生在轻松快乐的游戏中感悟人物的神态、动作、语言，并把它运用在作文中。

《语文课程标准（2011年版）》指出，第三学段作文要求，教师要提供给孩子的不只是写作框架要求，更重要的是提供给孩子活动的平台，让学生在活动中有所积累，有所乐，有所感，有所悟。

教学方法上，我首先让学生猜礼物、议开核桃、开核桃、说开核桃，层层递进，营造轻松愉快的学习氛围，使学生乐于积极主动地观察、思考、想象，获得各种感受和体验，使学生从不同侧面、用不同形式来写作，学生就容易写。

学习方法上，留给学生充分的写作时间和交流空间，让学生在游戏中获得感悟、表达、写作的灵感。

课堂评价上，以语言评价为主，通过师生评价、生生评价等，激励、点拨、引导学生层层深入到作文内容之中，达成目标，习得方法，感受作文的乐趣，提升写作水平。

评析：以上是教学设计的理念与策略，交代清楚后，不仅有利于教师的"教"，也有利于学生的"学"，还有利于观课教师的"评"。我们倡导"教学评"的一致性。

二、教学目标

（1）乐于表达，在活动中学习心理描写、动作描写、语言描写等多种写作手法。

（2）学会观察，懂得运用多种描写方法将自己观察到的情境写下来。

（3）学会修改自己的习作和点评他人的习作。

评析：四个教学目标表述清晰、准确。抓住了作文指导的要素来写，指导学生在游戏中快乐作文。

三、教学过程

（一）课前互动

评析：课前互动拉近了教师与学生的距离。

（二）教学过程

1. 导入

同学们，我们每天演绎不同的事件，所谓：事件天天有，场景时时在。今天老师要和大家学习有关场景作文描写的方法。（师板书：场景作文描写）

2. 新授

（1）猜礼物。

① 教师演示小袋，让学生猜礼物：猜核桃。

② 引得学生在练习纸上练习写猜核桃场面。

上课铃响了，老师走进教室，神秘地说："（　　　　　　　　　）。"然后她拿起袋子，在我们面前用力（　　　　　　　　），我们的好奇心一下子就被吊了起来，心想：（　　　　　　　　）。老师问："（　　　　　　　　）？"同学们都（　　　　　　　　），有的说："（　　　　　　　　）"有的说："（　　　　　　　　）"还有的说："（　　　　　　　　）……老师笑眯眯地说："（　　　　　　　　）。"A同学上台往袋子里一摸，揭开谜底大声地说："（　　　　　　　　）。"

③ 点评：抓住谁的动作、语言、心理活动描写，让学生明白场景作文描写方法就是抓住点的动作、语言、心理描写来加以特写，抓住面的环境、气氛进行总写。

评析：本环节以猜礼物唤起学生的积极性，营造神秘的氛围，调动学生作文的积极性，气氛活跃。

（2）议开核桃。

过渡：一看到核桃，老师就流口水，谁有办法帮老师开核桃？

① 提问：你用什么方法？

过渡：大家讨论得真热烈，请同学们用以下关键词把刚才议论开核桃方法的场景用一两句话把它说完整。

② 学生小组合作学习，出示PPT。

请同学们用以下关键词把刚才议论开核桃方法的场景用一两句话把它说完整。

③ 提问学生说话。

评析：由猜礼物到议论开核桃的方法，通过小组合作的议论，初步了解了开核桃的方法，口头的表达对作文的练习，有了很大的帮助。

（3）开核桃。

过渡：大家的办法真多，可是，今天老师什么工具也没有带来，谁来帮老师开？

①说规则：

第一，只能用双手，不能借助其他外力，否则就是犯规。

第二，每个人有两次机会，只要用手把核桃直接开了，就能得到奖励。

②学生开核桃，老师说要求，强调注意观察同学的动作、语言描写。

出示PPT：

第一，老师宣布游戏规则时，同学们有怎样的表现？

第二，游戏开始了，台上的同学分别有怎样的表现？

第三，座位上的同学们又有什么表现？

③提问学生怎么开？学生说。座位上的同学怎么表现。

评析：游戏习作的教学就是把游戏和习作结合起来，让学生在开核桃的游戏中激发兴趣，收获素材，学会观察同学们的神态动作，让学生乐于表达，既训练了学生的口头表达能力，又进行了方法的指导，一举两得。

（4）学生作文，出示PPT。

请拿起手中的笔，把刚才开核桃的同学的表现和座位上同学的表现用一个片段写下来。

（5）好句引领，出示PPT。

评析：语文课程标准指出，写作教学应贴近学生实际，让学生乐于动笔，易于动笔，表达真情实感。这一环节，学生在游戏的过程中感悟到写作的方法，教师指导得很到位。

（6）点评。

①小组互评。

②自评。

③教师评。

评析：好作文是经过多次修改得来的，此环节通过学生自评、生生互评、教师指导评，让学生在训练中学到了修改作文的方法，达到语文课程标准对高年段学生的要求。

3. 小结

出示PPT：

场景描写就是事情发生过程中人物活动的画面描写，如一次游戏、升国旗场面、一场比赛、运动会等。

评析：此环节让学生进一步懂得此次作文就是场景作文，由一次作文的指导延伸到以后的作文中，达到学以致用的目的。

4. 延伸作文：品德教育

评析：一个人最重要的是品德，从作文中延伸到品德上，真正做到作文与育人相长。

（三）板书设计

场景作文描写

点：特写　　细节描写

面：总写　　环境气氛

教学反思：通过本次的作文指导，深知要引导学生写好一篇习作，教师必须花一番心思备课，学生在猜核桃的过程中兴趣盎然，气氛活跃，但是在对同学的作文点评时仍不够大胆，因此，教师在指导学生评作文的方法时仍要下点苦功。

乡村结对教师成果

论国学经典在语文教学中的重要性

江门市恩平横陂镇中心小学　　吴小燕

我国传统文化源远流长，博大精深，影响着中国历代优秀的人才，有着极高的教育价值。其中，《弟子规》作为儒家的启蒙教育读物，传承了自孔孟以来儒家一脉对少年儿童教育的教学思想，自其文问世以来，教育了我华夏民族代代子孙奉行圣人之言、君子之道，对于启蒙养正、明理成人起到了无可替代的作用。我校从2015年就开始了以《弟子规》等经典国学文化的教育进入课堂，与日常教育相整合，形成了本校的特殊文化、特色背景，收到了很好的效果。在这里，我将《弟子规》与语文教学有效融合的做法整理出来与大家分享一下。

一、《弟子规》与语文教学融合的意义

我们课本中学到的只不过是沧海一粟。国学经典是祖先为我们留下的丰厚的文化遗产，我们应该引导学生利用课余时间去阅读，去涉猎，去搜集、整理、积累。背诵最有价值的中华经典，让他们耳濡目染于圣贤光明正大的智慧思想之中，在潜移默化中受到文学、艺术的熏陶，形成自己的品质，在中华经典中成长。

《弟子规》教育崇尚道德、重视智能、强调文化艺术修养、重视人文素质的培养等儒家教育思想，在一定程度上可以解决当代社会道德教育缺失的问题，有利于青少年思想道德品质的提高，值得我们传承与弘扬。

二、《弟子规》与语文教学的融合方式

如何将《弟子规》与语文相融合呢？我做了以下几点尝试：

1. 课前诵读国学经典《弟子规》，激发学生学习语文的兴趣

良好的开始是成功的一半。为了上好语文课，我利用晨读和课前预备的时间要求学生朗诵《弟子规》，在诵读过程中让学生进入意境，引起他们的学习欲望，让他们感受到了学习语文的乐趣。例如，预备铃一响，我便发音让学生齐诵"读书法，有三到；心眼口，信皆要。方读此，勿慕彼……"这样不仅有利于学生积累知识，且书声琅琅，营造出课堂上应有的文学气氛，也有利于集中小学生的注意力，提高语文课的教学质量。同时，通过这样的训练，学生们在潜移默化、熏陶感染中产生了学习语文的兴趣，老师也能更加有效地进行语文教学。

2. 将《弟子规》适时引入语文课堂以充实课文内容

语文课程标准强调指出，语文教学要使学生"认识中华文化的丰厚博大，吸取民族文化智慧"。因此，在语文教学中，教师要运用现代化的教育理念，将中华国学经典融入其中，打造生动的诵读课堂，切实培养学生的人文素养、

文化底蕴和语文能力。在课堂上，语文教师循循善诱，引经据典，分析说理。学生用古人教诲、名人逸事或现身说法，或旁征博引，师生配合默契。

如《妈妈的账单》一文主要讲的是小彼得为妈妈做了点事就写了账单来索取报酬，妈妈也给了他一份账单，却不要报酬。通过学习，学生很容易认识到母爱的无私、无价。但是，如何联系实际，让学生说出自己以后该怎样对妈妈，从而达到教育学生应孝顺父母的目的呢？这时我巧妙地引出《弟子规》中的"亲爱我，孝何难；亲憎我，孝方贤"，给学生讲了古代舜孝敬父母的故事和闵子骞受到后母的虐待，仍坚持尽孝的故事。学生自然而然地明白了如何孝敬父母。又如我上《争吵》一文时讲到安利柯认识到自己错了却又不好意思向克莱蒂道歉时，我适时融入《弟子规》中的"过能改，归于无；倘掩饰，增一辜"。这样一来，既避免了老师空洞的说教，又增加了学生学习的感性认识和趣味性。"语文水平得法于课内，得益于课外。"这不仅反映了学习的方法，还反映了学习内容的广泛性。我经常利用《弟子规》与课文在内容上的联系，适时引入教学环节作为课文的补充，以加深学生对课文内容的理解。在实施语文教学时很好地补充了课文内容，从而加深了学生对课文的理解。

3. 开展形式多样的《弟子规》学习活动，拓宽学生的写作思路

开展形式多样的《弟子规》学习活动，如《弟子规》配乐吟诵比赛、《弟子规》故事大赛、品《弟子规》经典词句、《弟子规》"读书心得"交流等，让学生亲身参与积累写作素材，拓宽写作思路。叶圣陶说："多读作品，多训练语感，必将能驾驭文字。"小学时代是记忆的最佳时期，让学生多诵读国学经典，不仅能积累更多的语言，还能让他们感受文字的节奏、音乐美和灵敏度。久而久之，学生的作文中经常以引用来给自己的文章润色，拓宽了写作思路。例如，有学生在《快乐的学习》中写道："以前我认为读书、考试就是在学习，可我错了。《弟子规》中'余力学文'篇告诉我'学无止境'，之后我开始积极进取，我爱上了学习，爱上了真正的学习。我与同学交流知识，向老师快乐学习，快乐地过着每一天。阳光下的我，大声地诵读'有余力，则学文'。"也有学生写道："我们不应该把学习看成是差事，不应该去敷衍它，'方读此，勿慕彼。此未终，彼勿起。'只有想去学习的，才会学到真正的知识，才会真正体会到它的快乐。"还有许多学生在写《我学会了》的作文中很自然地运用了《弟子规》中的内容，写道："自从读了《弟子规》后，我知道了'置冠服，有定位；勿乱顿，致污秽'的道理，我为以前的行为感到羞愧。从此，我每天都把脱下的衣服叠得整整齐齐的。以前，我看完书后，桌上、地上、床上，到处都乱七八糟的！现在我把书分类整理放在书柜上。到过我房间的人都竖起大拇指夸我的房间整洁呢！"可见孩子们每天读经典，耳濡目染，被文化的韵味所感染，陶冶了情操，丰富了词汇，增强了文章的文学底蕴。

4. 课后延伸活动，背诵《弟子规》

在课后，学生可自己安排时间背诵《弟子规》短句组。苏轼曾说过"经典一部，胜杂书万本"，而现在，这已成为很多人的共识。学习经典，不但能加强学生的记忆力、集中注意力，使其身心平衡发展，自制力和自觉性得以提升。长期的经典学习还能增强学生的自信心。而且，对培养学生良好的情操、树立正确的人生观有极大的好处。为此，我们努力要做的，就是让学生从小就沐浴经典、浸润书香，形成良好的学习品质及养成良好的性情！

《弟子规》融入语文课堂教学不但使学生的语文水平有所提高，又能让我们的文明精髓传统美德代代流传，通过这种潜移默化的德育，促使学生做每件事时时以《弟子规》为准则，让学生思想道德水平上一个新台阶，使学生成为德才兼备的时代新人！

参考文献：

［1］李毓秀.国学经典《弟子规》［M］.北京：人民教育出版社，2010.

［2］中华人民共和国教育部.语文课程标准［M］.北京：人民教育出版社，2003.

张扬个性——学员杨秋玲及结对教师的成果

我的教学特色

平等和谐、张扬个性、拓展思维、教学相长

江门市范罗冈小学　杨秋玲

一个优秀的教师，必须形成自己鲜明的教学风格。风格就是生命，风格就是形象，风格就是吸引力，风格就是特色！而我的教学特色我用16个字概括：平等和谐、张扬个性、拓展思维、教学相长。

平等和谐：在课堂教学中，我总觉得自己就是班级中的一员，我就是学生的"大朋友"，真挚坦率地与学生平等相处，创造出一种宽松和谐的氛围，建立起融洽和谐的师生关系。

张扬个性：尊重学生，让学生敢于思想、敢于表达；激励学生，让孩子敢于张扬个性；重视学生，拥有个性感悟。真诚为学生独有的、多角度的思考喝彩，每一朵花开的声音都是精彩并值得赞许的。

拓展思维：我的教学活动不只是着眼课本，而是与现实生活相融，关注学生成长发展的需要，开发学生潜能，提高学生观察问题、分析问题的能力，养成合作意识，强化创新精神、反思精神，形成个性与健康心理，具备未来精神；不只是盯着分数，还要关注生命与存在层面；拥有强烈的生命意识，坚持理想，激情不灭。

教学相长：教学过程是师生交往、积极互动、共同发展的过程。我以自己的人格魅力感染学生，多站在学生的角度看问题，使学生亲其师信其道。在这个过程中，教师与学生分享彼此的思考、经验和知识，交流彼此的感情、体验与观念，丰富教学内容，求得新的发现，从而达到共识、共享、共进，实现教学相长和共同发展。

从教师到名师，虽只有一字之差，但其实现转换路途遥远。只有不断加强各方面的修养，提高自身素质，与时俱进，不断探索，不断完善，才能立足教坛。

我的教学论文

谈中低年级的习作评改

江门市范罗冈小学　杨秋玲

每当我翻开三年级孩子们的日记和习作，总会发现，他们的习作是那么的天真、浪漫。于是精心地给他们做了修改，做了批注……可精批细改作文既费时费力又不讨好。学生往往将老师辛辛苦苦、精心批阅的作文束之高阁，根本没有细细阅读、揣摩教师的评改之处。这样的评改有何意义？教师对学生的作文修改过多、批评过多等，可能还会给学生习作造成心理障碍，打击了学生的习作兴趣呢。这就是在给学生批改作文时，我们最容易犯的错误——目中无人。仅仅把自己看作指导者、评价者。对学生的习作评价大多着眼于技巧，着力于知识，却忘了写作之人。后来，我在一本杂志上看到这样一句话深深地触动了我："文章不厌改，修改，是学生的认识不断深入的一个过程，也是协作活动由初级阶段通向高级阶段的阶梯，好的作品都是反复修改、斟酌推敲、多次加工的结果。"于是，我改变了我评改作文的方法——多在课堂上和孩子们一起评作文、改作文。针对小学生的年龄特征，指导孩子们学习修改文章的基本方法和要领，体验修改习作的乐趣，培养修改习作的良好习惯。在作文教学中，我抓住了三个关键环节：读作文——改作文——赏作文。

一、读习作

多读作文是修改习作的良方。在读中能发现句子中的错别字、病句，在读中能生发灵感。语文课程标准也提出"愿意将自己的习作读给别人听，与他人分享习作的乐趣""能与他人交流写作心得，互相评改作文，以分享感受，沟通见解"的要求。很多孩子在完成习作后都不会再读自己的习作，更不会把自己的习作读给同学听。所以他们的文章通常都存在同样的问题：错别字多，句子不通顺，用的词语很单调，不精彩。在课堂上，我引导学生读自己的作文，读同桌的习作，这样可以很好地改正习作中的错别字，删除多余的字词，添上遗漏的字词，改正了用错、遗漏的标点符号，改正有语病的句子，使语句通顺流畅。达到习作文通字顺的基本要求。

二、改习作

"改"就是要改表达不到位的词句，将平淡的语言改精彩，把词不达意之处，或将干巴巴的语言改生动、改具体。但怎样使孩子们学会评改的基本方法？老师不能定下过高的要求。记得在《快乐的课余生活》习作中我是这样指导学生评改习作的：我首先初步浏览了学生交上来的习作，选了几篇较为典型的习作，在课堂上和孩子们一起读习作、改习作。这样的目的主要是教给孩子评改的方法，做示范，用具体的改例来说明当次作文的评改方法，也可以防止走过场的现象。例如，有个孩子写了《快乐深圳旅游》：

星期六的时候，我和爸爸妈妈从江门车站乘车去深圳旅游，从江门车占到深圳，至少要走5个小时的路。在车上，我和爸爸妈妈坐在一起。车上有很多人，空气有点不好。忽然妈妈晕车，还呕吐呢，我和爸爸都没有办法，只好把我们的纸袋都给她了。到了深圳，一下车，我就看到了深圳市那繁荣的景象：一栋栋高楼大厦非常雄伟，宽阔的柏油大马路上，车辆川流不息，大街上人来人往，非常热闹。绚丽的橱窗，色彩缤纷的广告……我还是第一次看到这么大这么热闹的城市，我兴奋极了。

老师：同学们，这是我们班一个同学的习作片段，小作者怀着兴奋的心情去深圳旅游，也看到了深圳的繁荣景象，但习作与题目——《快乐的深圳旅游》没有关系也就是有不切题的句子，或者有些句子有点小毛病。我们一起来找找好吗？

学生：（读）

学生："至少要走5个小时的路"这里不正确。应该改成"乘车也要5个小时"。

老师：你真棒，你会从读中发现问题，继续努力。

学生：车站的"站"字写错了。

老师：对！你观察得真仔细，再读你会发现更多。

学生：小作者去深圳旅游，但写了很多他们在车上发生的事情，这好像跟深圳没什么关系。

老师：孩子，你真棒！同学们，是啊！在习作的时候，我们要细细地读一读，把和我们的文章没有关系的、多余的、累赘的句子删除掉，这样会使我们文章的中心更明确。

在我一步步的指导下，孩子们对评改习作有了一个初步的概念，也掌握了一些简单的评改方法。但有时我们也要向学生提出具体的评改要求，比如，要求学生改什么、评什么，达到什么目的，都要明确具体；还有教师在整个组织中，既要放得开，更要收得拢，特别是要给出一个明确而有实效的总评。

三、赏习作

当学生把自己的佳作修改完成后，我们不能就这样不了了之，忽视他们的劳动成果。当然，我们还要给孩子们最终的审阅，给他们肯定的鼓励，所以，我们要营造让孩子们赏习作的机会。我会让孩子们把他们评改后的佳作在小组内，在全班进行交流，激发孩子们的自信心和对写作的兴趣。同时还培养了学生感受、理解、鉴赏语言的能力——具有强烈的感情色彩，高度的审美功能，包括欣赏题目、典型作文、片段、欣赏美好的愿望等。真正为学生提供一个展示作文才华的大舞台，激发学生发现作文美、创造作文美的情趣。

经过实践证明，和孩子们一起评改作文能使学生的主观能动性得到淋漓尽致的发挥，切实提高了学生的作文水平。

参考文献：

［1］张年芳，张松祥.中小学作文教学的迷思及其返正［J］.教学与管理
　　（中学版），2015（3）.

［2］温润香，宋晓亮.新课标背景下中小学作文教学的几点认识与思考
　　［J］.教育教学论坛，2012（45）.

我的教学设计

《牛和鹅》（第二课时）教学设计

江门市范罗冈小学　　杨秋玲

一、教学目标

（1）通过对课文的学习，让学生知道可以从哪些角度给文章做批注。

（2）体会金奎叔叔的话，让学生明白同样的事情，可以通过多种角度去分析问题，有时换一个角度去看问题，结果就会不一样的道理。

二、教学重难点

引导学生用批注阅读的方法，研读课文中的重点句子，体会鹅的凶狠及"我"被鹅袭击时的心情。

三、教学准备

（1）PPT课件，批注的微课。

（2）相关链接资料。

四、教学过程

1. 回顾课文内容，导入新课

师：同学们，这节课我们继续学习第18课《牛和鹅》。（全班齐读课题）

师：同学们，回顾课文讲了一件什么事？

师：牛和鹅看人的角度不同，牛看人——（学生说：牛的眼睛看人，觉得人比牛大）所以——牛是怕人的。鹅看人——鹅的眼睛看人，觉得人比鹅小，

所以——鹅不怕人。

师：它们看人的不同角度，也导致了"我"对牛和鹅的态度，对牛是这样的——PPT出示句子——一点儿都不害怕，敢用手拍它的背，摸它的肚子，甚至敢用树枝去触它的屁股！有的小孩还敢扳牛角，叫它跪下来，然后骑到牛背上去。（学生读句子）

师：我们是这样欺负牛的。

可当我们遇上鹅的时候却——PPT出示句子——总是远远地站在安全的地方，才敢看它。要是在路上碰到鹅，就得绕个大圈才敢走过去。

2. 研读"我"被鹅袭击时害怕的句子，体会"我"当时的心情

过渡："我"怕鹅表现在哪儿？

（1）出示自学要求。

请同学们默读课文5—7自然段，边读边思考，用"＿＿＿"画出"我"怕鹅的句子。

（2）汇报交流，教师点拨。

研读句子1：我们马上都不说话了，贴着墙壁，悄悄地走过去。我的心里很害怕，怕它们看见了会追过来。

从哪些词中，你感受到"我"对鹅的害怕？（马上、贴着、悄悄地）

师：抓住了这些关键的词语，更能让我们感受到"我"对鹅的害怕。

（在读文章时，我们可以抓住这些重点词语，写上自己的体会，这是批注的一种方式）

（板书：重点词语——写体会）

研读句子2：孩子们惊呼起来，急急逃跑，鹅追得更快了，我吓得脚也软了，更跑不快了。

学生朗读，从这个句子也能让我们感受到"我"对鹅的害怕。

研读句子3：在忙乱中，我的书包掉了，鞋子也弄脱了。我想，它一定要把我咬死了。我就又哭又叫，可是叫些什么，当时我自己也不知道，大概是这样叫：鹅要吃我了！鹅要咬死我了！

① 问题：此时此刻，"我"的心情如何？你可以用什么词来形容"我"当时的心情？（惧怕、惊恐、惊慌失措、慌张）

② 请你带着这种极度恐惧的心情来读读这段话。

③ 同学们，从这位同学的朗读中，你仿佛听到了什么？看到了什么？

（听到了一阵子呼救声，吭吭的叫嚣声，仿佛看到了"我"狼狈不堪的样子……）

师：是啊，多么精彩的描写，多么真实的画面。

但我们遇上精彩描写的地方，确实要朗读，还要做点评。这也是批注的一种方式。

（板书：精彩描写——做点评）

师小结：在"我"眼中，到底这是一群怎样的鹅？

3. 自读自悟鹅袭击"我"的句子，体会鹅的放肆与凶猛

（1）PPT出示自学要求。

学生再读课文5—7自然段，边读边作批注。

指板书：对课文产生疑问时，可以提出问题。抓住重点词语，写出自己的体会，也可对文章描写精彩的地方，以作点评的方式理解课文。

（2）汇报交流。

研读句子1：鹅听见了，就竖起头来，侧着眼睛看了看，竟爬到岸上，一摇一摆地、神气地朝我们走过来；还伸长脖子，吭吭地叫着，扑打着大翅膀，好像在它们眼里根本没有我们这些人似的。

研读句子2：这时，带头的那只老公鹅就啪嗒啪嗒地跑了过来，吭吭。它赶上了我，吭吭，它张开嘴，一口就咬住了我当胸的衣襟，拉住我不放。

研读句子3：它用全身的力量来拖我，啄我，扇动翅膀来扑打我。

（生齐读句子，谈自己的体会。老师点拨）

展示学生的批注，让学生说说自己的理解，教师点拨。

预设：从"一摇一摆""神气地"这些词语，我觉得这是一群自以为是的鹅，从"一口就咬住了我当胸的衣襟，拉住我不放"，我觉得鹅很凶狠。

点评："拖，啄，扇动扑打"这些词语让我觉得这是一群力气很大、骄傲无比的鹅。

过渡：鹅的体型并不大，但胆子却不小，在我们面前就是肆无忌惮、神气十足，我们非常害怕，为什么呢？原来——引出课文1、2自然段。但它们在金奎叔的眼里、手里又是怎样的？

4. 对比中明理，体会文章中心

（1）PPT出示第七段，学生齐读。

在我面前一群这么肆无忌惮、神气十足的鹅，在金奎叔的眼里、手里又是怎样的？

（2）学生汇报。

研读句子：他一把握住了鹅的长脖子。鹅用脚爪划他，用嘴啄他。可是金奎叔的力气是那么大。他轻轻地把鹅提了起来，然后就像摔一个酒瓶似的，呼的一下，把这只老公鹅摔到了半空中。

（我体会到在金奎叔眼中，鹅只是一个小动物，根本不可怕。）

（3）指名朗读这句话，读出不怕鹅和干脆利落的语气。

（4）PPT出示鹅落荒而逃的句子。

句子：它张开翅膀，啪啪啪地落到了池塘中。这一下，其余三只鹅也怕了，纷纷张开翅膀，跳进池塘里，向远处游去。

（5）刚才神气十足、气焰嚣张的鹅，现在却怎样？（落荒而逃、败阵而逃）

（6）为什么"我"越是怕鹅，鹅越是袭击"我"，让"我"狼狈不堪，而金奎叔不怕鹅，鹅就败下阵来，落荒而逃？

因为我们对鹅的态度不同。

师小结：是啊，同样的一群鹅，不同的看法和态度，结果就不一样。在金奎叔的影响下，"我"后来对鹅的态度发生了什么变化？

（7）PPT出示：

我记住金奎叔的话，从此不再怕鹅了。有什么可怕的！它虽然把我们看得比它小，可我们实在比它强啊！怕它干吗？果然，我不怕它，它也不敢咬我，碰到了，只是吭吭叫几声，扇几下翅膀，就摇摇摆摆走开了。

"我"再也不怕鹅了。读文中"批注"。

（8）"我"对鹅的态度，引起了"我"的共鸣，让作者明白只要敢于面对，就变得无所畏惧了。

同学们，读到这里，你有什么想说的？是啊，从文中想到的，引起共鸣的，我们都可以写下读书后的收获，也可批注。

（共鸣之处——谈收获）

（9）教师小结：从不同的角度看生活事物，也会得到不同的结果。

5. 深化主旨，拓展延伸

PPT出示：

从金奎叔的话中我明白了：从不同的角度看问题，不害怕像鹅一样自以为是的事物，也不能欺负像牛一样的事物。

从劝诫鹅的角度：我会对鹅说不要欺负害怕你的小动物和人。

从劝诫牛的角度：我会对牛说不要默默承受别人对你的欺负。

是啊，苏轼的诗句说得好啊！横看成岭侧成峰，远近高低各不同。对于任何事物，由于看问题的角度不同，结果就会不同。因此，我们要多角度地看问题，做生活的有心人！

6. 总结学法

同学们，今天通过《牛和鹅》的学习，我们知道了一边阅读一边做批注是很好的阅读方法，读文章时，有疑问的地方、有启发的地方、写得精彩的地方、能引起共鸣的地方都可以做批注。

读板书。

7. 布置作业

运用做批注的阅读方法，从疑问、点评、体会、收获方面阅读《牛的写意》。

五、板书设计

18.牛和鹅

看人的角度不同

对鹅的态度不同

做批注

遇上疑惑　　提问题

重点词句　　写体会

精彩描写　　做点评

共鸣之处　　谈收获

乡村结对教师成果

论小组合作在小学语文课堂中的实践运用

江门市蓬江区棠下镇实验中心小学　张　梦

　　如今，是一个信息化时代，竞争日益强化。对于人才方面的培养显得尤为重要，尤其是对合作型人才。因此，在基础教育改革浪潮中，实施以小组合作学习为主渠道的课堂教学，探索小组合作学习与小学生素质的发展，其实践意义是很明显的。新课程改革强调学生学习方式的转变，小组合作学习作为本次课程改革积极倡导的有效学习方式之一，因其具有使学生优势互补、形成良好的人际关系、促进学生个性健全发展的优点，越来越多的老师在课堂教学过程中采用这一方法。但是，真正要将小组合作学习行之有效地开展，绝非易事。

　　语文是一种极其灵活的学科，它重视培养学生的创造力和想象力，语文课堂重在交流，不管是师生间的交流还是生生间的交流。为了实现孩子们之间的信息交流和互帮互助，与他人合作的能力显得尤为重要。结合我课堂开展小组合作的经验，以下是我对小组合作的一点看法。

一、小组的建构

　　小组合作的前提是构建好合适的小组，根据班级人数及学生学习的情况来构建小组，每个小组最好四人，根据学习情况选取学习和性格上能够互补的成员进行组合，这样方便小组成员之间达成有效的合作。并在小组中对各个成员规定好各自负责的主要方面，这样容易增加他们的责任感。

二、小组合作中要注意的地方

　　构建好了小组，但实施起来却不是那么容易。小组合作学习好处良多，却也有很多需要注意的地方。

1. 明确要求，提高效率

一个问题，如果比较简单，多数学生经过独立思考就能解决，那就没有小组合作学习的必要；相反，如果问题太难，讨论很长时间也得不出结论，这样的问题也不能开展小组合作学习。语文课堂上有很多问题都需要小组合作。例如，课文的分角色朗读、问题的研读等，这些问题利用小组合作可以发散学生的思维，多人交流可以让学生从多角度想问题，效率会更高。但也不是所有问题都需要小组合作，还是要根据实际，先让学生独立思考，再进行交流。

2. 学生为主体，教师为主导

小组合作离不开教师的引导，在课堂教学展开前，教师要根据学生的认知水平和已有的经验，制订切实可行的、在教师引导下学生通过一定的努力可能达到的课堂教学目标，然后通过学习提纲的形式，向学生提供学习应达到的目标。

3. 给予适当的奖励与惩罚

对于小学生而言，适当的奖励与惩罚很重要。在小组合作中，奖惩是一个非常好的用来约束学生的方法，可采取积分制、奖品、小处罚等途径。但是需要注意，奖惩一定要适度——奖励太容易，学生容易丧失兴趣；奖励太难，会使学生失去信心。因此，适度的奖惩手段，可以增加学生参与学习的积极性，也可以增加小组的凝聚力。

三、小组合作课堂实践中的问题

目前，结合我的实践经验，小组合作中容易出现以下问题：小组合作流于形式，学生之间并没有形成真正有效的交流，课堂交流看似热烈，实则吵闹；奖惩不适当，学生为了获得奖励或是避免惩罚，过分关注积分，注意力偏移；学生间的互动不够主动，未能实现以一带一的效果，思考、发言均以成绩优秀的学生居多。

总的看来，想要灵活运用小组合作还需要统筹安排多个方面。但无疑，它对于课堂学习有着很大的意义，虽然现在依然存在各种各样的问题，不过这也是老师们积极探索的痕迹，是无可厚非的。未来还需要我们不断探索，将小组合作发挥出最佳作用。

严乐相济——学员陈添盛及结对教师的成果

我的教学特色

严乐相济

江门市江海区礼乐街道新联小学 陈添盛

岁月匆匆流逝，如白驹过隙，弹指间，耕耘讲坛已二十有二载了。回眸自己一路走过的教学之路，离不开我的教学特色——严乐相济。

我相信严师出高徒。只有严格的管理，才能最大限度地利用每一分、每一秒，提高学习效率。因此我的每一节课，都十分强调课堂的纪律性，要求每个人都认真听讲。若课堂纪律出现失控的苗头，我宁可牺牲讲课的时间，也要把学生扳回正轨。事实上，如果学生在台下开小差讲闲话，即使教师讲课讲得再细致，也只能事倍功半。而有了纪律的保障，师生的互动才能更好地接收，课堂教学才能变得高效。

古语云："书山有路勤为径，学海无涯苦作舟。"求学之路本就充满艰辛，如果我们的教学不能给学生带来快乐，让他们尝到学习的甜，他们是很难熬过求学之苦的。因此课堂之上，我会结合教材内容，设计有趣的环节，好玩的互动，让学习变得轻松快乐，寓教于乐，越学越乐。我还不断修炼自己的语言艺术，让课堂语言更加幽默风趣，牢牢抓住每一个学生。

严格的课堂纪律是高效学习的保障，但同时也会让学生的神经绷得太紧。适度的欢乐能缓解紧绷的神经，促进学习的效果。严乐相济，互为补充，互为促进，引领学生渡过无涯的学海，攀登学习的高峰。

我的教学论文

在小学低年级绘本教学中渗透德育教育的研究

江门市江海区礼乐街道新联小学　陈添盛

德育教育是中小学教育工作的重要组成部分，是学生健康成长的重要保证，对学生养成良好的行为习惯，树立正确的人生观和世界观有着重要的促进作用。一直以来，中小学对学生德育教育十分重视，成立德育教育部门机构，专门开展德育工作。然而，中小学的德育教育内容过于空洞，流于形式，教育手段单调乏味，对学生的教育效果不明显。尤其在小学低年级，由于学生初入学，对学校的规章制度，对学生守则等一知半解，德育教育往往事倍功半。在绘本故事中，蕴含着很多生活中的大小道理，跟学校德育教育有着许多共同之处。因此，在绘本教学中渗透德育教育，有着事半功倍的效果。

一、绘本的特点

1. 篇幅短小，图文并茂，生动有趣

绘本，又称图画书，一般只有三十几页，开本有大有小，依靠一连串的图画和为数不多的文字结合，即图文合奏来共同讲述一个完整的故事。由于绘本篇幅短小，又有着精美的图画，每个故事都充满童趣，因此十分适合小学生，尤其是低年级学生阅读。比如，《好饿的小蛇》这个故事，讲述了一条好饿的小蛇每天看见不同的食物，都是一口吞掉，身体变成了和食物一模一样。最有趣的是，当小蛇看见一棵苹果树时，竟然也可以一口吞掉！低年级的学生对周围的世界十分好奇，求知欲强，故事中如此丰富的想象，夸张的描写，又怎能不吸引他们的注意呢？

2. 小故事蕴含大哲理，润物无声

在简单的文字描述中，一本优秀的绘本往往蕴含着深刻的内涵和人生哲

理，仔细阅读，能在无声处浸润孩子的心灵。比如，《逃家小兔》这个故事，不管小兔变幻成哪一种事物，兔妈妈也总能变幻成与之相应的事物，陪伴在小兔身边保护它。故事的结尾，小兔不再逃了，兔妈妈送给它象征"爱"的胡萝卜。简简单单的一个故事，包含着父母对子女无微不至的、浓浓的关爱，学生在阅读的过程中自然而然就会受到教育。

二、在绘本教学中渗透德育教育

1. 挑选合适的绘本进行教育

中小学生德育教育是一个庞大的系统工程，涉及思想道德的方方面面，这就需要我们在实际教学中有所选择。在小学低年级中，首先应该选择关于学校纪律、同学之间如何相处的绘本故事进行教学引导。比如，《大卫不可以》《大卫上学去》《大卫惹麻烦》这个系列的绘本故事，讲述调皮的小孩大卫一连串的犯错事例，让学生在一幕幕图画中不知不觉地进行日常行为规范的教育。又如《鼠小弟》系列绘本故事，讲述了可爱的鼠小弟与它的小伙伴们日常的种种趣事，通过学习，学生们能在潜移默化中学会和小伙伴们交往。绘本故事种类繁多，只要我们细细挑选，一定能找到适合德育教育的题材。

2. 学故事，明道理

低年级学生喜欢听故事，在绘本教学中，我们可以用不同的形式将故事娓娓道来。可以是老师声情并茂、绘声绘色的讲述，可以是听故事录音，也可以是师生共同阅读。在适当的环节，巧妙设计问题，让学生们讨论，大胆发表自己的见解，就能掌握相应的道理。比如，《今天运气怎么这么好》这个绘本故事，讲述了一只叫乌鲁的大灰狼在树林里发现很多小猪在午睡，它没有自己独享，而是跑去告诉它的好朋友。结果还没说出来，它的好朋友就邀请他饱餐一顿，它也忘记了小猪的事情。虽然最后它一只小猪也没有吃到，但是却得到了更多的食物。讲完这个故事，我适时地抛出问题："故事中谁的运气最好呢？为什么？"一开始，不少学生都说是小猪，因为大灰狼没有吃了它们，它们很幸运。我继续引导学生思考："那乌鲁呢？它的运气难道不好吗？它得到了很多食物哦！"通过引导和讨论，学生们渐渐懂得，乌鲁心中有朋友，愿意和朋友分享，所以它也得到了朋友分享给它的更多的美食，所以乌鲁才是运气最好的一个！从这个故事中，学生很容易就能学会与别人一起分享。

3. 亲子阅读，家校共育童心

近年来，全社会对孩子的阅读情况越来越重视，社会、学校、家庭都开展了形式丰富的阅读活动，其中最为提倡的就是亲子阅读了。亲子阅读，就是父母和孩子共读一本书，分享读书的快乐和心得，既可以培养孩子阅读的兴趣和习惯，又可以增进父母与孩子之间的感情，可谓一举多得。让父母和孩子共同阅读绘本，可以对绘本故事的内容进行即时的交流，孩子对故事中的内容、情感出现偏颇，父母也能即时给予纠正，这也弥补了课堂上教师不能兼顾每一个学生的遗憾。更重要的是，在亲子阅读中，更有利于塑造孩子正直、善良、健康向上的人生价值取向。

绘本教学，绘声绘色，既可以激发学生的创新思维能力，又可以提高学生的综合道德素质。只要我们科学合理地利用绘本故事进行教学，进行德育渗透，就能让小学低年级学生更加容易并且乐于接受思想道德教育，端正自己的人生观、价值观，规范自己的言行举止。

参考文献：

［1］王思玲.在绘本故事中绽放德育之花［J］.《师道》教研版，2015（10）.

［2］彭懿.图画书应该这样读［M］.南宁：接力出版社，2012.

我的教学设计

《老人与海鸥》（第一课时）教学设计

江门市江海区礼乐街道新联小学　陈添盛

一、教学目标

（1）学习8个生字，正确读写"塑料、饼干、乐谱、吉祥、抑扬顿挫"等词语。

（2）有感情地朗读课文，感受老人与海鸥之间深厚的感情。

（3）抓住课文的重点词句，体会句子的意思，学习作者的写作方法。

二、教学重难点

1. 重点

以较快的速度阅读课文，抓住描写老人外貌、动作、神态和语言的重点语句。

2. 难点

体会课文蕴含的老人对海鸥的深厚感情，并揣摩作者是如何把老人对海鸥的感情写具体的。

三、教学过程

（一）课题导入

导语：同学们，老师带来了一组图片给大家欣赏，请大家注意观察，待会儿告诉大家你看到了什么。

引题：同学们，这些都是人与动物和谐相处的画面。今天，我们要学习的课文也是关于人与动物如何相处的。

老师板书课题，学生齐读。

（二）初读课文，学习生字词

（1）请大家自由读课文，注意声音要响亮，读音要准确，还要读得流利、通顺。

（2）出示生字词，请一位学生带读，全班学生跟读。

（3）听写容易写错的生词，同桌互评，汇报。

（三）快速浏览课文，理清文章脉络

（1）请同学们快速浏览课文，说一说课文围绕老人与海鸥写了什么事？

结合学生的汇报，老师相机在课题下板书：喂食、送别。

（2）同学们的预习真深入，概括得很好！从大家的汇报中可以看出，课文主要写了两方面的内容，你能把课文分一分段吗？

（四）学习第一部分

1. 初识老人

（1）同学们，美丽的翠湖边来了一群可爱的红嘴海鸥，咱们一起去赏鸟去，好吗？咦？那是谁？好特别哦！（老人）你为什么一来到就看见这位老

人？指名学生回答。你能用课文里面的句子说说吗？

出示"他背已经驼了……连装鸟食的大塑料袋也用得褪了色"。学生朗读。

（2）出示补充资料，老师介绍。你觉得老人是一位怎样的老人？学生回答后再读句子。

（3）出示："朋友告诉我……跟海鸥相伴。"老人来这里是为了什么？有没有其他目的？你从哪里看出来的？

（4）老人长途跋涉，只是为了给海鸥送食，让我们静静地看着老人如何喂海鸥吧。谁来朗读一下？

出示"老人把饼干丁很小心地放在湖边的围栏上……几下就扫得干干净净"。咱们再看一次，这次要看仔细一点，找出一些能让你有启发的词语。

（5）学生汇报，谈感受。教师抓住老人的动作，海鸥的"扫"进行指导，朗读句子。

（6）同学们看得真仔细。接下来，老师请大家闭上眼睛，仔细听老师的朗读，边听边想象画面！

（7）你仿佛看到了什么？听到了什么？

（8）哦，原来这就是老人与海鸥配合默契、温馨和谐、有声有色的乐谱，请同学们用你最美的语言，把这个画面展现出来吧！

2. 走近老人

（1）在海鸥的鸣叫声里，老人好像在唱歌呢！大家听一听，他唱的什么？

（2）出示"在海鸥的鸣叫声里……'独脚''灰头''红嘴''老沙''公主'……"教师范读（海鸥名字用方言读）。问：老师读得怎样？

（3）学生点评，教师总结：同学们读得有高有低，有长有短，这种朗读就是文中一个词的意思，那就是？（抑扬顿挫）谁还想抑扬顿挫地读一读？

（4）从大家抑扬顿挫的朗读声中，我发现大家被老人的举动深深地吸引住了，让我们分角色来朗读一下5—12自然段，和老人交流交流。

（5）老人不但给海鸥起名字，他还跟海鸥说话哩！出示"看来他就是独脚，老人边给它喂食边对它亲昵地说着话"。老人是怎样跟海鸥说话的？他会说些什么呢？谁来学学？

3. 走进老人内心

（1）老人跟我们谈起海鸥，他是怎样的表情？（生动）从这个词语你体会到了什么?

（2）老人不是在介绍海鸥，他是在夸奖自己的儿女啊！哪位同学来夸一夸海鸥?

（3）填空："海鸥最_____，是_____、_____！能给咱们带来_____！"

（4）太阳偏西了，鸥群要回滇池休息了。出示"老人望着高空盘旋的鸥群，眼睛里带着企盼"。老人企盼什么?

（5）出示第13自然段，对比朗读。

（五）教师总结

老人视海鸥为亲人，对海鸥一片深情。久而久之，海鸥与老人结下了深厚的情谊。在老人去世后，海鸥有怎样意想不到的举动呢？我们下次再来学习。

乡村结对教师成果

以读为本——构建语文精彩阅读课堂

江门市蓬江区荷塘镇白藤小学　曾苑芳

朗读，就是把文字转化为有声语言的一种创造性活动。它是一种出声的阅读方式。

朗读是理解课文的重要手段。它有利于发展智力，获得思想熏陶；朗读有助于思想的交流；朗读有助于情感的传递；朗读能引发学生共鸣，所以，朗读是一道五颜六色的彩虹，为课堂增添了别样的风景……

一、教师应该创设情境教学，让每一个学生都热爱朗读

小学语文新课程标准指出："语文教学应激发学生的学习兴趣，培养学生自主朗读的意识，引导学生掌握语文朗读的方法，为学生创设有利于自主、合作、探究学习的环境。"朗读把教材无声的文字变成有声的语言，把文字中静

止的感情变为跳动的情感。

记得在读《卡罗纳》中的"卡罗纳翻开书，当他看到一幅母亲拉着儿子的手的插图时，突然双手抱住脑袋，趴在桌子上号啕大哭"这个句子时，我通过教师的朗读把学生带入卡罗纳的情感世界里。情景朗读不仅培养了学生的美感、语感，充分地让学生体会到了卡罗纳失去母亲后伤心难过的心情，还调动了孩子们认真上课的态度和他们热爱朗读的积极性。

在上学期，记得在教学课外阅读《提灯的天使》时，我们细读作品，就会感悟到，瑞米不会唱歌，胆子很小，但还是报名了选美比赛，后来，她结识了两个改变她一生的女孩，在惊心动魄的冒险中收获了珍贵的友谊。我们看完故事后，不难发现，友谊的力量可真是强大啊！它可以让你从黑暗之中看到光明，从坎坷的小路走向宽阔的阳光大道，从绝望中寻找到新的希望。而我们在平凡的生活中也真真正正地感受到了这真挚友谊的伟大。教学时，我们又可通过范读，把学生带入课文情境中，让学生深刻感受身边友谊的力量，这样，孩子的感情便得到了进一步的熏陶。

课堂上，除了可以用朗读创设情境，我们还可以在朗读时，以表扬为主，坚持正面教育，来调动、激发学生的朗读积极性。

记得上个星期，在学习部编版一年级上册《项链》时，我班有个叫小青的小朋友，一开始，他对课文不是很熟悉，当读到"小娃娃嘻嘻地笑着，迎上去，捡起小小的海螺"时，他停住了，不敢再往下读。这时，我表扬他声音响亮，听完后，他便有了自信心，接着，很快便完成了整个段落的朗读。顿时，教室里便响起了一片热烈的掌声。瞧啊，这是来自表扬的正能量，把一个失去自信心的孩子变成了一个勇敢的孩子。只有让孩子获得成功的朗读体验，才能为他们树立自信心，从而进一步拉近他们与朗读之间的距离……

二、学生通过多层次的朗读训练，朗读技巧不断地提高

小学语文新课程标准指出："阅读是学生的个性化行为。阅读教学应引导学生钻研文本，在主动积极的思维和情感活动中，加深朗读，让学生在多层次的朗读中，不断地去感悟、思考，从而提高语言审美能力。"课堂上，我们组织孩子的朗读有多种形式，如有个人读、小组读、男女比赛读、师生读、开火车读，等等。

记得上学期学习《人之初》时，我先让孩子初读课文，课堂气氛并不好。接着让他们一边拍手，一边朗读课文，可能因为有了团结的力量，又或许有了同伴的共同努力，课堂气氛顿时浓厚起来，我的心不由自主地放下了。最后，我又采用师生分角色朗读课文，充分发挥师生的互动性。教学上通过多种形式的朗读，不仅让孩子的朗读技巧提升了，还让孩子对文本有了深刻的体会和感受。

小学语文新课程标准指出："教师应加强对学生阅读的指导、引领。"是啊，朗读不能只停留在同一水平线上，我们还要让孩子的朗读富有内容，富有色彩。开学时，在学习一年级上册《我是什么》的时候，我班学生在朗读时，找不到节奏，所以现实和想象有了差距。于是，我先让孩子观看课件，让他们深刻感觉到水有时候很温柔，有时候很暴躁。接着让孩子们尝试跟着视频一起朗读课文。过一会儿，孩子一下子就读出了课文所要体现的情感和价值，课堂顿时也"火"了起来。

三、教师应创设条件，主张学生大声、大胆地朗读

教学时，我要求孩子大胆地读出来，教育孩子可以在早读时放声读。"一日之计在于晨"，我们应抓住早上美好的时光，大声朗读。大声朗读的好处有很多，如可以培养语感、加深印象、提高理解、产生自信、体验成功！一位有30年教龄的老师曾说："要学好语文，首先要大声朗读。"

课堂上，除了大声读，我们还要大胆读。比如，可以大胆地在我们家长面前朗读，可以在同学面前朗读，还可以在老师面前朗读。我对孩子们的朗读因材施教，经过一个学期的努力，孩子们的朗读欲望越来越高，朗读水平已经超乎我们想象，他们的朗读水平也得到了家长们的认可。

记得在学习一年级上册《荷叶圆圆》时，孩子们上课认真，积极回答问题，在教学的最后一个写话环节，我让孩子们把自己的心声大胆地读给听课老师听。看到孩子们认真的态度，我的心都要被融化了，为他们的进步而感到欣慰。这一环节，让我们的教学"活"了起来，学生的学习积极性更高了，教学收到了良好的效果。

四、让孩子在读熟的基础上，背诵文本，把朗读推向更高的境界

背诵是孩子们的天性，人的记忆力在儿童时期发展得很快。此后，主要是理解力的增强。趁记忆力最好的时段，多背课文，多背古诗，多背经典。熟背文章是终生可以去消化、理解、受益的文化准备。背诵课文可以在无形之中提升孩子的语感，提高孩子们的朗读能力。

记得在学习部编版教材三年级下册文言文《守株待兔》时，学生不仅会读课文，还理解了本文的意思。但这还不够，本节课的教学目标还要让学生会背课文。所以，我在板书时给了几个关键词，让学生根据提示背诵文言文。这样，学生的背诵积极性有了很大的提高，从而有效解决了教学难点。

路漫漫其修远兮，语文学习是个漫长的过程，我们不仅要调动学生广泛的朗读兴趣，还要加强学生的朗读指导，开展各种课外阅读活动，为其创造展示与交流的机会，营造"我学习，我快乐；我朗读，我精彩"的良好学习氛围。

参考文献：

［1］李志清.阅读教学中的课堂活动设计策略［J］.语文建设，2015.

［2］孙建平.有效阅读，本色语文的价值追寻［J］.语文教学通讯，2016.

［3］张金保.遵循阅读规律，提升阅读效率［J］.语文教学通讯，2018.

民主与创新——学员梁小柳及结对教师的成果

我的教学特色

简朴、民主、创新

江门市鹤山沙坪街道镇南小学　梁小柳

回顾18年的教学生涯，我得到了很多比赛和外出学习的机会。在不断听课、评课、上课、磨课、悟课中，我得到了快速地成长，在锻炼中学会了反思、总结经验、不断改进。慢慢地，我对教学有了自己的想法，把它概括为简朴、民主、创新。

一、简朴

"简简单单教语文"一直是我的教学追求。我认为上好语文课要做好四件事：第一，培养兴趣；第二，养成习惯；第三，教给学生有用的知识；提高学生素养。我努力让语文课回归本色，既注重语文的工具性，又关注人文性，让学生通过语文学习形成现代社会人必须具备的运用语言文字的能力。

二、民主

课堂教学是在师生平等对话的过程中进行的。在课堂中，我摒弃"优生撑场面，差生当看客"的课堂表演，注重面对全体学生，求真地教学，让每一个学生都能根据自身能力和水平摘得学习的果实。

三、创新

亲其师则信其道。一位好的老师会使人受益一生。作为教师，我不断加强个人修养，在教学中总结经验，更新观念，创新思维，践行着一个个新的教学理念，在摸索中思考，在思考中前行。

我的教学论文

部编版五年级上册词语教学例谈

江门市鹤山沙坪街道镇南小学　梁小柳

批改高年级学生的作业、试卷，老师们不难发现这样的怪现象：凡是运用修辞手法写句子（比喻句、拟人句、排比句），学生们都会不约而同地写上"弯弯的月儿像小船""太阳像大火球""小鸟在树上唱歌""下课了，操场真热闹。同学们有的在跳绳，有的在跑步，有的在打篮球"……类似这样的现象还表现在习作中。学生描写人物时，大都是"浓眉大眼、高高的鼻梁、樱桃小嘴、雪白的牙齿……"把人物形象描写得千人一面。为什么会出现这样的情况呢？其实，在积累词语方面，教师们是下了不少功夫的，如开展读书活动，积累好词好句。但一个学期下来，学生写了厚厚的一本好词好句，写起作文来却依然干瘪。这种差异性源于缺乏语感经验，表达运用不足。

那么该如何让学生将积累的词语有效地运用起来呢？笔者以部编版教材五年级上册为例。

一、积累词语：由被动向主动转变

语文新课程标准提出，要引导学生主动积累有新鲜感的词语。什么是有新鲜感的词语？指的就是那些学生感到陌生的、口头书面语言中基本不用的词语、短语及各种句子。部编版教材五年级上册的词语表里共有235个常用词语。

如果教师们只关注这些词语，通过反复抄写、听写，以达到巩固的目的是与新课程标准提出的"主动、有新鲜感"相违背的，而且做法简单。在教学中，教师不应该统一规定学生只积累这些词语，而是鼓励学生边读课文，边画出自己认为有新鲜感的词语，培养学生养成自觉积累的意识。毕竟每个学生的认知是不一样的。只有尊重学生的差异，进行人性化的教学，才能真正做到由被动变为主动。

二、盘活词语：由单一的认知向多样化转换

积累词语的最终目的就是为了表达运用。学生刚接触到的有新鲜感的词语，是从文本中模糊的理解开始的。要把这些词语有效地运用到语言情境、习作中去，不是一件容易的事。遣词造句是巩固新词的好办法，也是教师们惯用的方法。而部编版教材中高年级语文园地新增了"词句段运用"栏目，安排了系列语言实践活动，进一步强化语文要素，比常用的遣词造句更注重语用，更多样化。

部编版教材五年级上册"词句段运用"中关于词练写的内容整理如下：

部编版教材五年级上册表

	第一单元	语文要素
五年级上册	比较句子中加点词语的意思，根据要求用"温和"写出形容气候、形容性格的两组句子	1.能结合不同语境，比较同一词语表达的不同意思 2.能从读迁移到写，根据同一词语的不同意思恰当地在不同语境中运用
	第二单元	语文要素
	读句子，照样子把成语"喋喋不休""悠然自得"的意思用具体的情景表现出来	用具体情境表现成语的意思
	第四单元	语文要素
	比较"举世闻名、臭名远扬"等词语意思的相同和不同之处，选择其中一个词语写一段话	辨别词语的感情色彩并恰当运用

由上表可以看出，部编教材对词练写的要求是高的。而且练写的内容与本单元教学并无太多联系，词语也没有出现在本单元的课文里。对学生而言，其难度是大的。在教学中，教师可以作为独立的内容教学，如第一单元和第四

单元，是关于词的意思和感情色彩。在教学中可以作适当的补白，以丰富学生的语言知识，培养语用能力。又如第二单元"读句子，照样子把成语'悠然自得'的意思用具体的情景表现出来"，这样的练写是遣词造句的逆向思维。学生首先要弄清成语的意思，再在头脑中选取相关的素材，想象画面，最后用文字描述情景。在教学中，为降低写作难度，笔者尝试把成语"悠然自得"融入第一、二单元《白鹭》《珍珠鸟》《搭石》三篇文本的阅读教学中。

出示句子：

（1）前面的抬起脚来，后面的紧跟上去。嗒嗒的声音，像轻快的音乐；清波漾漾，人影绰绰，给人画一般的美感。——《搭石》

（2）有一天，我伏案写作时，它居然落到我的肩上……待一会儿，扭头看，这小家伙竟趴在我的肩头睡着了……我轻轻抬一抬肩，它没醒，睡得好熟！——《珍珠鸟》

（3）晴天的清晨，每每看到它孤独地站立于小树的绝顶，看来像是不安稳，而它却很悠然。——《白鹭》

笔者先让学生从（1）（2）句中感受人们走搭石、珍珠鸟亲近人的"悠然自得"，再引导学生想象第（3）句中的白鹭站在小树的绝顶是怎样的"悠然"，最后把练写迁移到生活实际场景中。

这种通过联结课文内容，找出相关句子作为练写的生发点，有助于学生加深对词语的理解，大大降低学生的练写难度。

"把成语的意思用具体的情景表现出来"应该成为平时练写的重要抓手。学生作文写不长写不精彩，很多时候与滥用成语有关。学生把新积累的成语用在习作中，本来是一件好事，但用上成语后，文章的细节就没有了。如第八单元《我的长生果》，学生积累了一组新鲜词：津津有味、如痴如醉、浮想联翩、囫囵吞枣、不求甚解……很多学生在写《我和书的故事》时，就喜欢把词语串成段。如：

A同学：我是一个"小书虫"。只要一有时间，我就会拿起心爱的书<u>津津有味</u>地看起来。我看得特别认真，时常忘了时间，忘了吃饭。妈妈常为此<u>苦恼不已</u>。有一次，她偷偷地把我新买的《水浒传》藏了起来。我到处找也找不到，害得我<u>失魂落魄</u>，<u>茶饭不思</u>！妈妈见状，只好把书还给我。

B同学：一做完作业，我就<u>迫不及待</u>地看起《西游记》来。正当我看得如痴如醉时，弟弟跑过来吵着要跟我玩。于是，我就跟他讲起书中的故事。弟弟听得特别认真，一个故事讲完，他还想听另一个故事。瞧他那双如饥似渴的眼神，我只好继续讲。

……

学生学以致用是值得肯定的，但滥用成语的写法，显然没有具体写出"我"热爱读书的程度及独特的感受。因此，"把成语用具体的情景描写出来"的训练显得尤为重要。

尊重学生的差异，由被动变为主动积累有新鲜感的词语，再用多样化的方式盘活词语，培养了学生语用的能力，为习作表达打下了坚实的基础。这种看似刻意的教学手段，却让学生在随性中积累、运用，对学生而言必然是一笔不小的财富。

参考文献：

［1］中华人民共和国教育部.义务教育语文课程标准（2011年版）［S］.
　　北京：北京师范大学出版社，2011：1.

［2］吴忠豪.积累语言经验是学习语文的基础［J］.全国小学语文暑期"卓
　　越教师培养工程"深度研习营，2019（7）：86–89.

［3］姚菁."品词析字"促进小学语文教学的实践研究［D］.上海：上海师
　　范大学，2019.

我的教学设计

《学会看病》教学设计

江门市鹤山沙坪街道镇南小学　梁小柳

一、教学目标

（1）认识11个生字，理解"按图索骥、艰涩、忐忑不安"等词语的意思。

（2）了解课文内容，学习作者通过人物语言和心理活动等描写来表现人物，体会母亲感情的变化。

（3）有感情地朗读课文，感受课文中特殊的母爱方式，体会母亲对儿子的爱。

二、教学重点

引导学生读懂课文内容，学习作者通过人物语言和心理活动等描写来表现人物，体会母亲感情的变化。

三、教学难点

引导学生全面认识母爱，激励学生在生活中处处注意磨炼自己独立生活的能力。

四、教学过程

1. 直接入题

（1）同学们，今天我们一起来学习第20课《学会看病》。这是一篇略读课文，大家课前有预习过吗？

（2）现在请同学们把课文读一读，注意要把字音读准，句子读通顺。

（3）课文里有几个生字词，你会读吗？（指名读、齐读）

理解"按图索骥"。

指名尝试用"按图索骥"概括课文主要内容。

（4）作者简介。

评析：这是一篇略读课文。教学时，首先放手让学生根据课前导读要求自读课文，在学生充分自读思考的基础上，师生围绕成语"按图索骥"的意思理解课文内容。

2. 理解母亲的"残忍"

质疑：毕淑敏作为一名从事医学工作20年的内科主治医生，在家里不给儿子治病，反而让他独自上医院看病，你赞同她的做法吗？

（1）赞同：因为这样可以锻炼儿子的独立能力。

①这是一个怎样的儿子？（依赖）

②你从哪里知道儿子是一个极度依赖的人？（我从母子的对话中知道）

（师生互读）

③ 创设情境：师：假如……我老得走不动呢？生：那我就……

④ 总结：当面对这样一个极度依赖的儿子，"我"的心里响起一个坚定的声音：_____。

出示句子：我一定要让儿子独自去看病。

预设：因为我知道，总有一天他必须独立面对疾病。既然我是母亲，就应该及早教会他看病。

（2）不赞同。因为儿子现在生病了，他没有独自去过医院看病，现在他一个人去，万一出现意外怎么办？我觉得应该让孩子有个慢慢适应的过程。

① 创设情境：你们都有生病的经历，仔细想一想，文中的儿子现在既发烧又感冒，那是一种怎样的滋味？（指名说：很难受，头很痛。）这时，母亲让病中的儿子去看病，难道你们不担心……

（指名说：我会担心儿子出门后会不会遇到坏人，会不会出现意外。）

② 你还赞同母亲的做法吗？（不赞同）

③ 总结：这是一个____的母亲？（板书：残忍、狠心、冷漠）

评析：面对极度依赖的儿子，教师组织学生通过"赞同"与"不赞同"进行思辨，理解这是一个残忍、狠心又冷漠的母亲。

3. 体会母亲的心理变化

（1）默读课文第21—26自然段，找出描写母亲心理活动的句子。

（2）指名说：母亲感情的变化：心软——后悔——忐忑不安——自责——勇气回升。

（3）总结：这是一个_____的母亲。

（慈祥、称职、爱儿子）

评析：通过品读描写母亲心理活动的句子，体会母亲的感情变化，让学生再次思考这还是一个怎样的母亲。

4. 对比阅读：《剥豆》

（1）总结《剥豆》：这是一个_____的儿子，这是一个_____的母亲。

（2）总结：母亲的爱是广袤深远的，表达爱的方式也不一样。

评析：对比阅读，聚焦重点段，品味母亲矛盾的心理，体会母亲的爱。

五、教学反思

我的课例展示《学会看病》安排在恩平市沙湖中心小学上。整堂课下来，教学效果较好，还得到了听课老师们的一致好评。我总结了一下，有两个教学环节自己是做得比较好的：

1. 预设巧妙，生成精彩

要体会文中的儿子是一个依赖性很强的人，我先抓住母子对话，让学生进行品读。在之前的试教中，学生们很快就体会到儿子的依赖。但在这个班里，我提问了好几个学生都不能回答。这时，我对母子的对话进行了拓展：

母亲：假如，我老得走不动呢？儿子：_____。

母亲：假如，我永远地离开了呢？儿子：_____。

这样一拓展，有的学生说："我会自己去看病。"还有的学生说："我要学会自己处理问题。"我及时引导学生再次回到文本中，学生就立马说出文中的儿子是一个依赖性很强的人。就这样一个巧妙的预设，教学的难点便迎刃而解了。

2. 学情，指导学法

本文还有一个教学难点是学习作者通过人物语言和心理活动等描写来表现人物，体会母亲感情的变化。在体会母亲是否"狠心"时，我让学生再读课文第20—26自然段，把母亲心理描写的句子画下来，并在旁边写上自己的感受。我在班里巡视了两圈，发现不少学生写批注时没有抓住母亲的心理变化来谈，而是简单地说"母亲不狠心"。怎么办呢？是他们不理解"母亲感情变化"，还是根本不会谈感受？这是我在备课时完全没有预设到的问题。于是，我临时调整了教学环节，先出示第20自然段，引导学生发现母亲此时的心情是后悔的，再告诉他们可以抓住文中的关键词来谈体会是学习的好方法。在我的引导下，学生很快就在其他段落找到母亲感情变化的词语了。在这个教学环节，我是耗费了不少时间，导致后面的拓展阅读有点仓促，但教学不能只为追求课堂效果好，只为学生能按照教师预先设计好的思路走。关注学生的学情，及时地调整教学设计，教会学生学习的方法，才是教学最好的手段。正如苏联教育家苏霍姆林斯基所说："教育的技巧并不在于能预见到课堂的所有细节，而是在于能根据当时的具体情况，巧妙地在学生不知不觉中做出相应的变动。"

当然，这堂课也有不足之处，如通过"按图索骥"这个成语概括课文的主要内容，用的时间较长，课堂的总结有点仓促。这些都是我需要改进的地方。

乡村结对教师成果

《海上日出》（第二课时）教学设计

鹤山市沙坪街道镇南小学　李彩仙

一、教学目标

（1）理解课文中重点句的含义，感受海上日出的壮观景象，领会作者追求光明的精神，培养热爱自然的情感。

（2）有感情地朗读课文，背诵课文。

二、教学重难点

1. 重点

体会作者观察和描写景物的方法。

2. 难点

读文字，想画面。

三、教学过程

1. 复习旧知

（1）复习词语。

（2）有感情地朗读课文。

2. 朗读课文，整体把握第一感受

思考：

（1）读了课文，你的感受是什么？

（2）文中哪句话概括写出了巴金爷爷在海上看日出的感受？

（——这不是伟大的奇观吗？）

3. 品读课文

（1）思考

为什么称海上日出为伟大的奇观？

（日出前、日出时、日出后天空景象的变化）

（2）交流

① 晴天时：（第二、第三自然段）

出示句子：浅蓝——一道红霞——红霞扩大——越来越亮。

太阳就要从天边升起来了，便目不转睛地望着那里。

谈体会：作者此时什么心情？（急切、盼望……）

② 日出时：（第三自然段）

出示句子：

（开始）露出半边脸——红得很没有亮光。

（最后）完全跳出了海面——红得可爱——发出夺目的亮光。

谈感受：哪句写得最精彩？

预设：作者是如何把太阳向上升的过程具体写出来的呢？

读句子，谈感受：太阳像负着什么重担似的，慢慢儿，一纵一纵地，使劲向上升。

小结：按时间顺序一步一步地写出了日出时景象的变化。

③ 有云时：（第四、第五自然段）

出示句子：阳光透过云缝直射到水面上，很难分辨出哪里是水，哪里是天，只看见一片灿烂的亮光。

思考：为什么分辨不出水和天？

出示句子：然而太阳在黑云背后放射它的光芒，给黑云镶了一道光亮的金边。后来，太阳慢慢透出重围，出现在天空，把片片云染成了紫色或者红色。

想象画面，体会感情："镶、透、染"等词好在哪里？

4. 指导背诵，积累语言

（1）说说你经常用什么方法背诵文章？（先部分，后整体；理出思路，按顺序背；串联重点词语背……）

（2）选择你喜欢的方式，背诵自己喜欢的段落。

5. 总结

《海上日出》是不可多得的名家精品，它来自于巴金先生真实的生活经历，真实的内心体验。学习巴金先生留心生活、勤于观察，我们也会在大自然中有惊喜的发现。

6. 布置作业

（1）用上"词语采集"中的"目不转睛、夺目、奇观"三个词语，写一写自己观察的一种自然现象，注意写出其变化的过程和自己的感受。

（2）你注意到日落、刮风、下雨、叶落等自然现象的变化过程吗？可以学习课文第3自然段的写法，写一段话，描述一种变化中的自然现象。

7. 板书设计

海上日出

日出前、日出时、日出后

伟大的奇观

高效阅读——学员陈美芳的成果

我的教学论文

指向表达的阅读教学更有效

江门市紫茶小学　陈美芳

一、引言

2017年开始，部编版教材开始在全国推广使用，双线组织单元结构这一特色使一线教师渐渐走出困惑，找准定位，更好实现"一课一得"，甚至"一课多得"，切实提升学生的语文核心素养。如果说一篇课文是一艘船，那本单元的语文要素则是彼岸，教师便是线路设计者，学生是总舵手，航线千万条，帮助学生找到最适合自己的那条，才是最佳的。

基于以上思考，我结合部编版三年级下册第七单元第23课《海底世界》，初步探究指向表达的阅读教学如何进行将使之更有效。

二、浅析

《海底世界》是一篇颇具文艺气息的科普小品文，以清新自然的语言展现了海底世界瑰丽奇异的景色和丰富的物产。科普小品文教学最难处理的是科学知识、说明方法与言语形式之间的关系。因此，要上一堂实用而有味道的科普语文课就需要找准定位，取舍有道。

1. 舍之道

《海底世界》虽是一篇文质兼美的科普文，但对于三年级的学生而言，无须在说明方法及其作用上多做纠缠，因为这是第三、第四学段的任务。

另外，本课的构段方式很有代表性：全文采用"总—分—总"的结构方式，首尾呼应，中间每个段落都能紧扣段落中心句展开叙述。但学生之前已学习过《花钟》《赵州桥》等多篇相同结构的课文，因此，亦无须在文章结构上多置喙。

2. 取之道

纵向看，一、二年级着重字词的掌握，三年级上、下册均关注到段落的学习，而本单元的语文要素"了解课文是从哪几个方面把事物写清楚的"，则是让学生初步把握整篇文章的脉络。这是对之前学习的承接，也为四年级更深入地学习打下基础；横向看，本册的第三单元就提出"了解课文是怎么围绕一个意思把一段话写清楚的"，而本单元是从多方面把事物写清楚，这是针对几段话而言的，从这一角度看，这篇课文是对之前一种能力的训练更高梯度的发展。

三、设计

针对以上思考，我对教学《海底世界》一课有了以下的设计思路：

1. 读海洋小诗，勾忆海之景

师：同学们，老师带来一首小诗，让我们一起打着节拍读一读！

> 沙滩贝壳脚丫，
>
> 海风海鸥浪花，
>
> 珍珠鱼虾海带，
>
> 港湾渔船晚霞。

师：喜欢大海吗？谁能来分享一下自己对大海的印象呢？

设计意图：一上课，师生共同打节拍读小诗，迅速勾起学生对大海的回忆。再让学生畅所欲言地分享对大海的印象，点燃了学生的学习热情。著名特级教师于漪说过："课的第一锤要敲在学生的心灵上，像磁石一样把学生牢牢地吸引住。"

2. 品关键句子，理解海之趣

师：请同学们自由读读2—6自然段，看看课文是从哪几个方面介绍海底世界景色奇异、物产丰富这一特点的？

在这一环节，我先带领学生一起研读本文有趣的第三自然段，通过想象、模拟表演和对比阅读，学生潜移默化地感受到了科普小品文在语言表达上既遵循科学性，又不失生动与活泼。再通过抓住本段开头的关键句，与学生一起总结该段是从动物这方面来介绍海底世界奇异的特点。

而剩下的几个平行段落，我将放手让学生自读自悟，通过小组合作的方式，共同归纳出文章还从环境、植物、矿产这三方面来介绍海底世界景色奇异、物产丰富这一特点。通过总结，散状的学习立刻变得清晰系统。这样的教学方法，实现了从刚才的"教课文"到现在的"用课文"这一教育意识。

在小组合作学习过程中，我主要让学生通过各种形式的读，去感受，去领悟。读通、读透，会在一定程度上改变科普小品文"科学知识、说明方法与言语形式"三者之间相互分离、教学淡而无味的格局，使科普小品文的教学和那些记叙性的美文一样，充满情趣，洋溢着语文味。

设计意图：我们知道，人的认识规律是由感性认识发展到理性认识的。朗读课文，就是对语文学习内容的感性认识，朗读的次数越多，感性认识越深，才可能发展到理性认识，进而体会到作者的立意和写作艺术。

3. 赏精美图片，运用海之理

（出示一张农家小院的图片）

师：你觉得这小院给你什么感觉？

（学生回答"小院充满生机""小院很美""小院很热闹"等）

师：那我们应该通过写哪几方面来表达小院的这些特点呢？

设计意图：语文课程标准中明确指出：中年级学生已经要开始乐于书面表达，而且能够尝试在习作中运用自己平时积累的语言材料，特别是有新鲜感的词句。

四、后记

这堂课的设计可谓相当简约，学生学得轻松又有所得。从整体把握课文的写法之后，马上以农家小院为例进行迁移，绝大部分学生都能当堂完成农家小院的习作思维导图，并能完成一段简单的描写。为了弄清楚学生是否真的在该课上有所得，我在课前、课后均进行了一个简单的小测试，随机抽取上课班级的10名学生，前、后测试的方法都是：不做任何提示，让学生介绍"我的家乡"。测试结果见下表。

多方面介绍事物测试表

多方面介绍事物	10人运用	人均运用
前测	1	0.1
后测	8	0.8

　　这组数据充分说明本课的教学是扎实有效的。学，就是为了更好地用。如果每堂课都能做到三问——"学生要学什么？""怎样学最好？""学生能运用吗？"并具体落实，课后及时跟踪学情，一步一个脚印，相信学生定能在亲近母语的路上越走越顺！

参考文献：

［1］吴忠豪.从"教课文"到"教语文"［M］.北京：高等教育出版社，2012.

［2］吴忠豪.吴忠豪与小学语文名师磨课［M］.北京：高等教育出版社，2018.

［3］王素珍.海底世界（第一课时）教学设计［J］.语文教学通讯·小学，2014.

［4］何艳.科普小品文教学三步曲：读通·读懂·读透——以苏教版三年级下册《海底世界》为例［J］.教育视界，2015（3）：15-17.

我的教学设计

《大头儿子和小头爸爸》教案设计——二年级整本书阅读课前导读教学

江门市紫茶小学　陈美芳

一、设计依据

　　语文课程标准指出，"要努力建设开放而有活力的语文课程"，"培养学生广泛的阅读兴趣，扩大阅读面，增加阅读量，提倡少做题，多读书，好读书，读好书，读整本书"。

二、教学目标

学会整本书阅读的方法，培养学生读课外书的兴趣，乐于分享自己的阅读感受。

三、教学过程

课前：喜欢看书吗？你们平时都看些什么书呢？

1. 导入

（1）既然大家这么喜欢看书，这节课我们就一起读同一本书，老师先请大家看一张照片。（认识作者：郑春华）

（出示简介及作品）

（2）揭题。陈老师6岁那年，就爱上了这本书，也爱看这本书拍成的动画片，你们猜到是哪本书了吗？

2. 初步感知

厚厚的一本书，该怎样去读呢？谁来告诉大家，你有哪些方法可以先了解这本书的大概内容？

（1）看封面。

（2）看扉页。

（3）看目录。

刚才我们通过关注书的封面、作者和目录等略读的方法，对这本书有了一个大概的了解，以后，我们就可以通过这样的方法来了解和选择自己喜爱看的书了。

3. 感知角色

（1）现在，同学们一定很想知道故事的来龙去脉。比如说，你现在很想知道……？（指名说）

看来同学们有点迫不及待了，别急。故事开头是这样写的，谁愿意来读读？

这是一间小小的屋子。

小小的小屋里住了两个人：一个大，一个小。大人管小人儿叫"大头儿子"。大人说：

"大头儿子，手不是穿在裤脚管里的。"

"大头儿子，牙刷不是刷耳朵用的。"

"大头儿子，别把鱼刺吃进去，鱼肉吐出来。"

……

小人儿管大人叫"小头爸爸"。小人儿说：

"小头爸爸，别看都是字的书。"

"小头爸爸，我替你把胡子涂成彩色的吧！"

"小头爸爸，我大便好了！"

……

师：读到这里，你觉得大头儿子是个什么样的孩子？小头爸爸是个怎样的爸爸呢？

（生热烈讨论、分享）

（2）老师还节选了一个片段，请看。（以字幕滚动的形式出现）

围裙妈妈喜欢系一条红布围裙。

红围裙上，印着一个胖胖的外国面包师，样子很滑稽。有时，妈妈干活儿累了，就低头看看这个面包师，会忍不住笑起来，也就不累了。

围裙妈妈系着这条红围裙，往厨房里一站，不一会儿，桌子上就放上一盘鱼、一盘虾、一盘青菜和一碗金黄金黄的鸡蛋汤。

围裙妈妈系着这条红围裙，往阳台上一站，不一会儿，小头爸爸的臭袜子、大头儿子的脏裤子，都干干净净，一件件晾到了竹竿上。

师：围裙妈妈的红围裙长什么样？

如果围裙妈妈系着这条红围裙，往客厅里一站，不一会儿，＿＿＿＿＿＿＿＿

＿＿＿＿＿＿＿＿＿＿＿＿＿＿＿＿＿＿＿＿＿＿＿＿＿＿＿＿＿＿＿＿＿＿＿＿

如果围裙妈妈系着这条红围裙，往书房里一站，不一会儿，＿＿＿＿＿＿＿＿

＿＿＿＿＿＿＿＿＿＿＿＿＿＿＿＿＿＿＿＿＿＿＿＿＿＿＿＿＿＿＿＿＿＿＿＿

如果围裙妈妈系着这条红围裙，往＿＿＿＿＿＿＿＿＿＿＿＿＿＿一站，不一会儿，＿＿＿＿＿＿＿＿＿＿＿＿＿＿＿＿＿＿＿＿＿＿＿＿＿＿＿＿＿＿＿＿＿＿

小结：同学们，通过你们的联想，让我们更了解围裙妈妈，看来，想象真是读书的一种好方法。

这天，围裙妈妈下班回家，找来找去，找不到红围裙，急得团团转，没了围裙就好像没了手一样。

大头儿子也在帮着找，可他一边找，一边偷偷笑。

师：同学们，读完这段话，你的脑海之中有画面吗？（妈妈是怎么找围裙的？）跟同桌交流一下吧，可以用文字描述，也可以画画妈妈的表情。

这段话让你心中有疑问吗？（预设：大头儿子为什么偷偷笑？来猜猜吧！他心里在想什么？）

小结：孩子们，你们通过猜想去读书，这又是一种好方法。通过这样的方法，可以让这个故事更丰富有趣。那下面来看看我们与作者心意是否相通。

一直找到晚上，小头爸爸回来了，手里拿着一束鲜花，说："今天是你的生日，由我负责做饭吧！"

大头儿子笑嘻嘻地从裤袋里拿出那条红围裙，系在爸爸腰上，就像围裙上的面包师一样滑稽。忙了好长时间，才忙出一碗面。

围裙妈妈接过生日面，吃得又香又快又开心。

大头儿子歪着头问："味道怎么样？"

围裙妈妈笑着说："好极了！好极了！就是没放盐……"

师：猜对了吗？"笑嘻嘻"与刚才的"偷偷笑"一样吗？这时，你又觉得大头儿子是个怎样的孩子呢？

（3）喜欢大头儿子吗？请你们跟我一起回到老师的童年，走近大头儿子。请欣赏动画片《大皮靴》，一边看一边想你对大头儿子和小头爸爸又有什么新的认识。

（4）演一演：你觉得大头儿子还可能发生哪些有趣的事呢？请选择其中一个场景，四人小组合作来演一演，待会儿我们看看谁是优秀的小演员。记得根据人物的特点，用上这节课学习的方法，快行动吧。

场景1：围裙妈妈领着大头儿子到游乐园去。走着走着，忽然找不到路了……

场景2：围裙妈妈出差去了，瞧，一大早，大头儿子和小头爸爸就一起往菜市场走去……

4. 总结延伸

不知不觉，一节课快要结束了，课后，请同学们用这节课学到的阅读方法，继续走进《大头儿子和小头爸爸》，让美妙的文字给我们带来美好的感受，好吗？

（1）继续阅读这本书。

（2）推荐课外书目：《大耳朵图图》《没头脑和不高兴》。

我的微课

《守株待兔》微课解说稿

江门市紫茶小学　陈美芳

一、回顾

1. 回顾寓言特点

同学们好，今天，我们继续来学习《守株待兔》这则中国古代的寓言故事。上节课，我们回忆了二年级就已经学过的《坐井观天》《亡羊补牢》《揠苗助长》等几则寓言。那你知道寓言故事与其他文章有什么不一样吗？为什么我们要学习寓言故事呢？让我们先来找找古代寓言的共同特点：

第一，篇幅较短。

第二，语言朴实。

而最重要的一个特点，就是这一则则小故事的背后一定藏着一个大道理。

2. 回顾故事

好，我们现在回到课文《守株待兔》，它是一篇只有39个字的寓言故事，很短，语言也很朴实。上节课，老师已经与大家逐字逐句地解释了故事的意思。现在，我们继续学习，先把课文读一读吧。（读课文）

（1）趣味说字。

我知道，上节课你们已经把文中一些古今词义不同的字读懂了，现在陈老师要来考考你们，看还记不记得。

我们先看看"兔走触株"，这个"走"字，在注释上了解到它是跑的意思。跟我们现在说的走完全不一样了。我们再关注这个"触"字，它可不是我们平时说的接触，或者轻轻地触摸、碰一下的意思，咱们联系上下文，知道这只小兔子逃命似的跑，肯定是狠狠地撞到了树桩，所以触字在这里是撞的意思。

再看"因释其耒而守株，冀复得兔"，释其耒，古人说释，表示放下的意思。有两个成语"爱不释手、手不释卷"，其中的释也都是放下的意思。（喜爱得舍不得放手；卷：指书卷，书本。都不愿放下书。形容这个人勤奋好学。）再看"复"，表示再，又。冀复得兔，就是希望再得到兔子。千万不能理解为反复得到兔子，得到好多兔子哦。理解错了，就容易闹笑话了。

（2）构想画面。

现在，你的脑海中想象得到这则故事中的画面吗？如果可以，能否用自己的话来讲讲这则故事呢？我们一起来听听咱们班杪桦同学的讲述。（播放视频）

二、揭示寓意

1. 思考寓意

请同学们思考故事的结局，那个农夫为什么最后会被宋国人笑话呢？因为他"释其耒而守株，冀复得兔"。偶然之中得到一只兔子，却想着天天都能得到，这不是痴心妄想吗？

我们来想想，你或你的身边有类似这样的人或事吗？我想有的。比如，一个人买彩票中大奖了，以后就不上班，天天买彩票，还想着中奖等。寓言就是这样，启发我们思考，指引我们的生活。那么，这则故事其实想告诫我们什么呢？

我想，我们不能成为农夫那样的人，不可以等着天上掉馅饼，不能抱侥幸心理，指望好运气过日子，是不会有好结果的。当然，我们也可以得到这样的道理：不能把偶然的现象当成经常发生的事。

2. 尝试背诵

寓言是我们中华民族智慧的结晶，我们应该尝试着去背诵它。请同学们来试一试吧。

三、拓展学习

现在，陈老师要考验一下你们咯，请你运用今天上课学到的学习方法，自学阅读链接里这则新的寓言《南辕北辙》。

　　读完后，你的脑海中出现这则故事当中的画面了吗？现在，你能找找文中给我们启发较大的句子吗？（生思考）

　　那么，在生活中有这样的人或事吗？肯定有的。比如，我们在学习上，每天都认真完成作业，甚至多买了很多的课外练习来做，但总不见成绩提高，原因在哪呢？我想，如果我们不找准自己的薄弱之处，一味地死做蛮干是不会有好的结果的。所以，《南辕北辙》这个寓言是想告诫我们：行动和目标一定要保持一致。也可以说：无论做什么事，只有先看准方向，才能充分发挥自己的有利条件；如果方向错了，那么有利条件越多，离原先的目标就越远。

　　同学们，课前我们就知道了寓言的几个特点，寓言很美，美在简洁，美在内涵，美在智慧。三年级的孩子要多读读古文，多钻进咱们中国传统文化，感受它的味道和魅力。陈老师找了《南辕北辙》的古文版，你们愿意挑战自己吗？既然寓言是我们民族先贤智慧的结晶，那快去里面寻找启迪我们智慧的知识吧！

厚积薄发——学员叶广敏的成果

我的教学特色

因势利导　厚积薄发

江门市培英小学　叶广敏

从教以来，我在低中高年段循环教学，以培养学生创新精神和实践能力为重点，以新课程改革为契机，落实课程计划，创新课堂教学，深化教学常规。注重学生自学能力和思辨能力的培养，因材施教，形成了独特的教学风格。

一、师为主导

老师是课堂学习的主导。学生学什么，怎么学，就需要老师的指引。我在备课时力求深入理解教材，准确把握重难点，参阅各种资料。在制定教学目标时，非常注意学生的实际情况。教案编写认真，并不断归纳总结经验教训。注重课堂教学效果，讲练结合。在教学中注意抓住重点，突破难点。在作业批改上，认真及时，力求做到全批全改，重在订正，及时了解学生的学习情况，以便在辅导中做到有的放矢。

二、生为主动

小学的学生由于年龄特点是缺少耐心，往往学了一会儿就会感到厌烦，针对这一问题，我以兴趣式教学为基础，在形式多样、内容丰富的教学前提下，让学生易于吸收，不会感到枯燥乏味。

143

在教学中尊重孩子不同的兴趣爱好，不同的生活感受和不同的表现形式，使他们形成自己不同的风格，不强求千篇一律。有意识地以学生为主体，教师为主导，通过各种游戏、比赛等教学手段，充分调动他们的学习兴趣及学习积极性。让他们的天性和个性得以发展。让学生在视、听、触觉中培养创造性思维方式，变要我学为我要学，极大地活跃了课堂气氛，相应地提高了课堂教学效率。

三、因势利导

作为教师，应该明白任何学生都会存在优点和缺点两个方面，对学优生的优点是显而易见的，对学困生则易于发现其缺点，学困生往往得不到老师的肯定。

我一直相信这句话："学困生的今天比他的昨天好，即使不然，也应相信他的明天会比今天好。"学困生也是孩子，厌恶、责骂只能适得其反，他们应该享有与其他学生同样的对待，也应该在有一点进步时得到老师的肯定。真正做到晓之以理、动之以情。感受学困生在学习过程中的各种心理表现和看法，如对学习的畏惧、犹豫、满足、冷漠、错误的想法等，信任他们，鼓励他们自由讨论，树立孩子的信心。

四、厚积薄发

语文教学并不是一朝一夕的事情，而是漫长的实践与沉淀。善于总结教学中的所得所想，在锻炼中成长，在成长中收获，扎实开展课题研究，才是真正的教学之道。我参与课题"小学语文海量阅读经典的有效策略实践研究""促进课堂教学与课外阅读的相互整合，提高阅读能力与语文素养的策略研究"，现均已结题。我所撰写的论文《为文之道在于厚积而薄发》在国家社会科学基金"十二五"重点课题"中华优秀传统文化教育研究"的论文征集评选活动中荣获国家级一等奖，并在《课程教育研究》一书中发表。我所主持的蓬江区教育科学"十三五"规划课题"挖掘文本中有用的文字材料进行语言文字训练"成功结题。学生陈子建、李泽源的作文在《江门日报·青苹果》校园专刊上发表。

作为一名语文老师，我不光想给学生传授知识、训练技能，同时还想让他们培养出健康全面的品格。我为我所有学生的未来着想，鼓励他们有自己的思考方法，独立见解，鲜明个性，充分发挥其主动性、积极性，为将来的语文学习打下扎实的基础。

我的教学论文

小学语文课内、外阅读教学策略

江门市培英小学　叶广敏

童年的阅读经验是一个人的生命底色。要使生命底色变得丰厚润美、光彩照人，学生除了课内要研读文本，还要将学到的阅读方法运用到课外阅读与实践中。语文课程标准明确规定："要培养学生广泛的阅读兴趣，扩大阅读面，增加阅读量。"全面阅读，扩大学生的阅读面，增加学生的阅读量，提高学生的阅读能力已成为一个亟须解决的问题。因此，把课内外阅读联结起来，以课内带课外，以课外促课内是阅读教学的重要策略。

一、课内、外阅读相结合是必然的选择

1. 儿童心理发展的需要

儿童心理学为我们揭示了儿童期的学生"具有强烈的好奇心，他们对未知的世界充满好奇，有很强的求知欲"。从大语文观的角度去解析文本是教师教学的职责；从以人为本的角度来看，作为教师应当树立使学生全面发展的教育观念，开阔学生的阅读视野，提高学生的语文素养。实质上，一个人的成长与发展以及他的文化积淀更多的是在课外。吕叔湘先生说过，"得法于课内，得益于课外"。"腹有诗书气自华"，只有大量地阅读，才能增加人的文化底蕴。因此，作为教师，除了解释文本，还要开阔学生的阅读视野，使学生"得法于课内，得益于课外"。

2. 学生对文本理解的需要

教材中的课文一般来说都是一些节选的内容，不是进行了改编，就是进行了缩减，从内容上和思想感情表达上来说都不完整。课堂上要学生阅读课文，往往会提出这样的要求：快速默读第一自然段，思考问题，等等。以"快速"这样的阅读速度想达到好的阅读效果是难以实现的。这种乏味的阅读无法激起学生的阅读兴趣，更无法提高学生的阅读能力。因此，让学生通过查阅资料去阅读与课文内容的相关书籍就显得格外重要。这样才能更深入地洞察人物的内心世界，理解文字背后隐藏的意义。

3. 师生共同发展的需要

课内、外阅读相结合，教师要求学生去阅读的同时，也会为了能更好地优化课堂教学而去进行相应的课外阅读，只有这样，教师才能更好地阐释文本的内涵，把握文本的实质，才能更好地督促与引导学生进行有效的课外阅读。

二、课内、外阅读相结合，读出不一样的风采

1. 找准契机，激起阅读兴趣

在教六年级《三打白骨精》一课时，我通过多媒体手段引入话题，激起学生阅读课内文本的欲望，通过学生自主学习课文了解故事的主要内容，找准学生余兴未尽的契机，引导学生阅读名著《西游记》。可见，由课堂阅读引申至课外阅读，大大激发了学生的阅读兴趣，拓展了学生的知识面。

2. 补充阅读，拓宽课内资料

一般而言，教材中的很多课文，在选入课本的时候都做了一些调整，于是学生在学习时会产生各种各样的问题，因此，在课堂上做一些有意识的拓展与补充是非常有必要的。我常用的方法有两种：①以人物促读。教材中有许多关于历史人物事迹的文章，然而，随着课堂教学的深入，学生们对人物的经历及其在历史长河中的作用产生了越来越浓厚的兴趣。比如，学习《三顾茅庐》一文，如果学生不曾通过课外阅读对诸葛亮这个人物有所了解，又怎么能猜测出诸葛先生"睡了半晌工夫，又睡了一个时辰"的真实用意呢？②以情节促读。比如，在教学《负荆请罪》一文时，对于文中提到的："想当年秦王那么厉害，毫不惧怕，针锋相对地跟他斗，唇枪舌剑，寸步不让，多解气。"这个情节，学生不甚了解，这时我要学生们补充有关蔺相如《完璧归赵》的课外阅

读，学生就会对蔺相如的性格有一个全方位的把握。

3. 作业设计——课内、外阅读的对接点

学生学习的主要动力就是兴趣，写作业也是一样的道理。因此作业设计就要力求形式多样，体现趣味性，使学生兴趣盎然地去完成作业，并期待着下一次作业的内容。在教学实践中，我也不断改变教学模式，实行了多样化，是听说读写全面发展的作业形式。鼓励学生通过图画、照片、剪报、互联网等来完成作业。这些生动活泼、精彩纷呈的作业，可以让学生充分展示自己的才艺特长，张扬个性。

三、课内、外读写结合，笔下会生花

在平时的作文教学实践中常常会发现，很多学生或没有材料可写，或表情达意不够流畅准确，归根结底是没有丰富的语言积累和语言经验。基于这样的实际问题，本人在教学中十分重视通过加强课外阅读让学生开阔视野、丰富知识、增长智慧，从而提高写作能力。

1. 开启阅读之门，积累好词佳句

叶圣陶先生曾经说过："天地阅览室，万物皆书卷。"老师不但要积极引导学生超越课本，开展丰富多彩的课外阅读活动，还应该适当提出一些阅读和积累的要求，其中最主要的一点就是丰富词汇和语句。让学生的词汇与词句逐渐丰富起来的方法有很多，如诵记词语、摘抄好词好句等。背诵是用于培养阅读记忆力的最佳方式，是提高阅读感知和理解能力的有效途径。

2. 以读促写，提高学生综合语文素养

在学生自由阅读的基础上，根据学生各年段的特点，养成写读书笔记的习惯。低年级小朋友可以学着摘录精彩的句段，有的可以找原文抄下来，有的则要求稍作删改再记录下来。随着年龄逐渐增长，我要求学生摘录后还要尽量写上一两句简单的评语。这样，学生的语言不断得到丰富，知识不断得到增长，思维也不断得到启迪。虽然这不是严格意义上的作文，但它却是作文的前奏，是小学生打开写作大门的一把"必备钥匙"。举办形式多样、内容丰富的读书节活动，包括文学欣赏讲座、读书笔记会展、写作比赛等都能强化学生的阅读习惯和热情。在一系列的活动中，学生渐渐地变得有思想、有感悟了，在老师的鼓舞和指导下，他们产生了强烈的表达欲望，写作技巧逐步提升，内容日渐丰富。

课内、外阅读像一只鸟的双翼，只有展开双翼才能振翅高飞。它是一个长期积累的过程，只有厚积才能薄发。

参考文献：

［1］刘金花.儿童发展心理学［M］.上海：华东师范大学出版社，2006.

我的教学设计

《妈妈睡了》（第一课时）教学设计

江门市培英小学　叶广敏

一、教学目标

1. 知识与技能

认识"哄、先、闭、紧、润、等"6个生字，写好"哄、先、脸、闭"4个字。

2. 过程与方法

能正确、流利地朗读课文。能利用课文信息，说说睡梦中的妈妈美丽、温柔的样子。

3. 情感态度与价值观

初步体会妈妈和孩子之间的爱。

二、教学重难点

1. 重点

（1）认识"哄、先、闭、紧、润、等"6个生字，写好"哄、脸、沉"3个左右结构的字。

（2）能正确、流利地朗读课文，说说睡梦中的妈妈是什么样子的。

2. 难点

感受睡梦中的妈妈美丽、温柔，体会妈妈与孩子之间美好的爱。

三、教学准备

PPT课件。

四、教学过程

（一）揭示课题，质疑

1. 揭题

今天我们一起学习（指板书，生齐读课题）《妈妈睡了》。

2. 指导读好课题

妈妈睡了，朗读课题时声音要轻柔一些，这样才不会吵醒妈妈。引导学生用较为轻柔的语气读好课题。

3. 质疑

读了课题，你想知道些什么呢？（预设：妈妈在什么样的情况下睡了？妈妈为什么睡了？妈妈睡着的样子是什么样的？）

（二）初读课文，认识生字

1. 自由读课文，读准字音

师：带着问题自由读课文，遇到不认识的字借助拼音多读几遍。

2. 学习生字

（1）老师把生字宝宝都请出来了，谁来做小老师，带同学们读一读？

（2）齐读，去拼音读。

（3）找朋友游戏，看谁能帮助更多的生字宝宝找到朋友。同桌互相比一比并进行汇报。

3. 学习第一自然段，随文识字

师：妈妈睡了，妈妈究竟是在什么样的情况下睡了？

读一读这个自然段。（指名回答）

（出示："哄""先"）

（1）识记生字"哄"。

师：猜猜，妈妈是怎样哄我睡觉的？（预设：唱儿歌、唱《摇篮曲》、讲故事。）

师：妈妈轻轻地说着、唱着，这些活动都与口有关，所以"哄"字的左边是口字旁。

师范写："哄"，是左右结构，左窄右宽。伸出右手和老师一起写。左边的"口"写在左半格横中线偏上一点的地方，右边的"共"稍宽，第一横从竖中线的左边起笔，第二竖比第一竖稍长，第二横从"口"的右下方起笔，最后一笔是点。

（2）识记生字"先"。

师：再来看看这个"先"字，这是一个表示顺序的词语，表示排在前面，它的反义词是什么？（后）

师范写："先"字是上下结构，伸出右手和老师一起写。首笔撇要短，第四笔横在横中线上，下面的"儿"紧贴着第四笔横，撇和竖弯钩要写得舒展才好看。

请同学们在课文纸上，把这两个字描一遍、写两遍，注意头正身直、臂开足安。

师评价。

（3）指名再读第一自然段。相机指导"好熟、好香"。

齐读。

（三）品读第二段

（1）找出睡梦中的妈妈是什么样的。

师：睡梦中的妈妈是什么样的？（板书：睡梦中的妈妈）默读课文第二至第四自然段，用横线画出相关语句。（指名回答，板书：美丽、温柔、劳累）

（预设：假如学生找词有困难，老师做示范：老师在课文的第二自然段第一句话找到了"睡梦中的妈妈"这个关键短语，在这个短语后找到了"真美丽"。你们也能学着老师的方法找一找吗？）

读句子：睡梦中的妈妈真美丽。

睡梦中的妈妈好温柔。

睡梦中的妈妈好累。

（2）师：课文是怎样描写睡梦中妈妈美丽的样子？指名读第二自然段。（出示：第二自然段）

分别写了妈妈的什么样呀？

（教师随机出示"明亮的眼睛""弯弯的眉毛""红润的脸"。）

（3）学习带"的"字的短语。

①师：我们一起读一读。

预设：看看这几个带"的"字的短语，注意读的时候把"的"读得轻而短。跟着老师读一读。谁来试一试？（开火车指读）全班一起来。（如果学生读得不好，才需要讲）

②拓展"的"短语。

师：老师来考考你们，看看谁最聪明！

明亮的眼睛，（　　　　）的眼睛？

弯弯的眉毛，（　　　　）的眉毛？

红润的脸，（　　　　）的脸？

（　　　　）的鼻子，（　　　　）的头发，（　　　　）的睫毛，（　　　　）的嘴巴。

一起读一读。比一比，记一记，看谁记得多！

（4）师生合作读：你们看，（出示）睡梦中的妈妈真美丽，（生读：明亮的眼睛）闭上了，紧紧地闭着；（生读：弯弯的眉毛），也在睡觉，睡在妈妈（生读：红润的脸上）。

指名读、齐读。

师：多美的妈妈呀！

（5）拓展：仿说句子。

师：我们有许多家人，妈妈是其中一个。除了妈妈，我们还有——（生：爸爸、爷爷、奶奶、弟弟、妹妹……）

他们睡梦中又是什么样的呢？

（出示图片：练习填空说话。）

① 睡梦中的（谁）真_____。_____的眼睛闭上了，紧紧地闭着；_____的眉毛，也在睡觉，睡在（谁）_____的脸上。

② 睡梦中的（谁）真_____。_____的嘴巴闭上了，_____地闭着；_____的睫毛，也在睡觉，睡在（谁）_____的脸上。

③ 睡梦中的（谁）真_____。_____的_____，_____地呼吸

着；_____的_____，也在睡觉，睡在（谁）_____的脸上。

（6）指导书写"脸""闭"。

第二段中的"脸""闭"是要求会写的字，先看看"脸"字，和"哄"字一样是左右结构，左窄右宽，伸出手和老师一起写，左边月字旁，右边先写人字，注意不要漏了里面的一横。点点撇要点着横，最后一笔要横平。"闭"是半包围结构，先写门字框，里面是一个才字。

生写字。把这两个字，也在书上描一遍、写两遍，注意头正身直、臂开足安。

师评价。

（7）小结

师：睡梦中的妈妈真美丽，让我们再来轻轻地、美美地读一读课文的第一、第二自然段。

教师总结：睡梦中的妈妈为什么会是好温柔、好累呢？下节课我们继续学习。

（四）板书设计

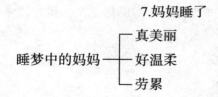

简约、高效——工作室成员成果精选

我的教学特色

简约、高效

江门市范罗冈小学　唐倚仪

多年来，我主要担任中高年级的语文教学工作。我深知：深厚的文化底蕴，精湛的专业水准，开阔的科学视野是引领学生步入知识殿堂的基石。因此，在脚踏实地地做好本职工作的同时，我毫不懈怠、大胆改革、勇于创新，致力于新课程的教学研究，有属于自己的教学坚持。一直以来，我秉承着"简简单单教语文"的教学理念，逐渐形成"简约、高效"的教学特色。在教学实践中，教学的最高境界是真实、扎实、朴实，只有简简单单教语文，本本分分为学生，扎扎实实求发展，才能让学生正确理解和运用祖国的语言文字。所以，我的语文课堂形成了删繁就简、返璞归真、注重读背写、注重积累、简简单单学语文的风格。在课堂上，我以读为基础、为纽带，以读代讲。比如，对词语、句子的理解，对情感的体会，对表达方法的学习等都是通过读来感受、把握的。课下，我注重培养学生的阅读兴趣，引导学生读课外书，读整本书，真正使语文教学得法于课内，激趣于课内，得益于课外。我让学生在我的语文教学里，在我的引导下倾听语文、享受语文、融入语文。所以，我的语文课堂气氛活跃，学生学习兴趣浓厚，创新能力和语文素养也得到了很大的提高。

我的教学论文

三年级起步作文教学初探

江门市范罗冈小学　唐倚仪

　　小学三年级是作文教学的起步阶段。这个阶段非常重要！它对小学高年级的作文教学，甚至初中、高中的作文教学都有着激发兴趣、奠定基础的作用。

　　语文课程标准对中年级的习作明确提出了以下阶段性目标：留心周围事物，乐于书面表达，增强习作的自信心；能不拘泥于形式地写下见闻、感受和想象，注意表达自己觉得新奇有趣的、印象最深的与最受感动的内容；尝试在习作中运用自己平时积累的语言材料，特别是有新鲜感的词句。但是，三年级学生刚跨入写作的门槛，词汇量不大，对于词汇的准确理解及运用能力不够；另外，他们的观察能力不强，对于事物的认识能力也不足……因此，从一、二年级看图写话过渡到写作文是有一定难度的。根据我平时教学的观察，发现较多学生害怕写作文，把写作文当成了学习的负担，感觉作文无法驾驭。所以，在三年级引导学生学好起步作文，从敢写作文到愿意写作文，甚至会写作文是三年级语文老师要解决的问题。下面结合我对作文教学的认识谈谈起步作文教学的策略。

一、树立写作信心，培养写作兴趣

　　信心是做好一件事的前提。想要树立学生写作的信心，就要让他们在写作过程中有内容可写，不要让他们对写作产生畏难情绪。因此教师平时作文命题要注意宽泛些，不要设置太多的条条框框，给他们最大限度的发挥空间。想要达到这个效果就要多了解学生，走进学生的生活，走进学生的内心，从他们喜闻乐见的事物中选择作文的内容。对于课本上的单元作文也要教师指导他们从生活中选择合适的素材，即帮助初学作文的他们挖掘写作素材，总之保证他们有话想写，有话可写。具体操作可以让他们真正实现"我口说我心，我手写我口"。这样贴近他们生活，他们就觉得有话可说，有话可写，便逐步消除了畏难情绪，树立了写作信心。

兴趣是最好的老师，是求知的动力。树立了学生的写作信心，让他们有话想写，有话可写，其实也算激发了学生的写作兴趣。除此之外，老师可以尽量把作文课上得有趣轻松，营造良好的写作氛围，让学生爱上写作文。比如，与学生们一起做一个有趣的小游戏，然后指导他们写下来；教师可以带来一条可爱的小金鱼让学生们观察、写作文《可爱的小金鱼》；春天，教师可以带学生到校园里参观，引导他们观察周围的植物有什么变化，再写作文《春天来了》……这样的作文课，寓写作于玩耍中，整个过程学生参与其中、兴趣盎然、历历在目，学生们都有内容写，有兴趣写，效果事半功倍！

二、培养观察能力，鼓励自主积累

想要写好作文，必须会观察生活，积累写作素材。所以三年级老师要想学生写好起步作文，就要指导学生学会观察。只有这样，学生才能在观察中通过"亲眼所见、亲耳所闻、亲身感受"而有话想写、有话可写，文章才会充满真情实感。

（1）要培养学生养成观察的习惯。在平时的教学中，教师应注重引导学生多观察，课内、外都可以。比如，在校园中，可引导学生观察不同季节的变化，校园中的景物有什么变化。比如，春天校园里哪些花开了？你最喜欢哪一种花？仔细观察，再与周围同学分享。周末，也可以安排学生到郊外、公园、商场、菜市场等地方走走，观察观察。观察不要太泛，要注意提出观察目标及具体的要求，让学生明确观察的目的，带着问题去观察，这样效果更好。比如，周末与妈妈或奶奶到菜市场走走，观察市场里有哪些蔬菜卖？价钱分别是多少？人们是如何讨价还价的？相信长此以往地训练，学生就会养成观察的习惯。

（2）要教会学生正确的观察方法。观察时要注意一定的顺序。一般先整体后局部，也可以按先局部再整体的顺序进行观察。如观察一只小鸟，从整体上看，先观察它的大小、羽毛及颜色；从局部看，观察它的眼睛、嘴巴、爪子、尾巴等，这样各部分合起来，就自然地形成了一只活泼可爱的小鸟的形象。

（3）要教会学生在观察时要善于抓住事物的特点。世上的万事万物千姿百态，观察时要注意发现不同事物或同一事物在不同时候的不同特征，这样的观察才更有价值！就像天上的云在不同时候的形态、颜色都是不一样的。天晴时、下雨前分别是什么样的？早上、中午、傍晚又有什么变化？都可以让学生进行观察、比较，抓住事物的不同特点，获得感性的认识。这样既可以达到观察的目的，还可以帮助学生提高对事物的观察能力，懂得观察的重要性，逐步养成观察的良好习惯，为写作积累素材。

（4）还要引导学生在观察的基础上展开想象，养成良好的观察思维习惯。观察和思维是打开作文内容宝库的金钥匙，没有观察事物、分析事物的能力也就不可能具备写作能力。因此，教师要引导学生在观察中做生活的有心人，多看多听，多问多想，多记多写，为积累作文素材打下坚实的基础。

众所周知，阅读是作文的基础。俗话说："读书破万卷，下笔如有神。"学生通过阅读，可以获得很多知识，并且这些知识是从直接生活中难以学到的。因此我们平时教学中可以有计划、有目的地开展读书、读报活动，发动学生把他们读到的好书向全班同学推荐，并做好读书笔记和读书心得交流，积累好词佳句。这要变成学生的习惯。只有这样自主积累，才能真正达到厚积薄发的效果。

三、注重习作修改，重视作文讲评

俗话说："好的文章是改出来的。"三年级的起步作文同样需要重视修改，可采取自改、互改、师改等形式进行。

（1）可让学生自己修改自己的作文。即文章起草后，自己认真读一遍，修改写作时出现的错别字和不通顺的句子，也可加上好词佳句，把文章写得更具体生动。

（2）可采用同学之间相互修改作文的方式。学生自己修改完后，可将作文与同桌或小组内的同学交换修改。旁观者清，这样，习作的一些错误会更容易找出来；而学生在给别人修改作文的时候也提高了自己作文的水平，还可以避免自己的作文中出现同样的错误。

（3）作文可以交给老师修改。老师的批改方式也是多种多样的。有传统的批注评语批改，还有当面批改等。我平时比较喜欢当面批改。批改中，我尽量去发掘学生习作中的闪光点，多给予肯定评价。学生习作中存在一些问题或有些地方没有写清楚时，我就补充一两句，有时也引导学生自己修改，学生改得好的，我不忘表扬一番，学生自然信心倍增。如果学生的作文实在无优点可寻，我也尽量不批评，因为老师对他们作文的评价直接影响到他们的习作态度。我会采用合适的方法指正，并共同探讨习作的方法，尽量达到"润物细无声"的效果。就是在这样一遍一遍地修改中，学生的写作水平就会逐步提高，写作的信心也会得到保护甚至增强。

作文的讲评是作文教学的一个重要环节，三年级起步作文显得尤为重要。作文讲评好了，学生的作文水平也会随之得到很大的提高。

首先在作文讲评课之前，教师要先选择好典型作文，既要选择写得好的习作，还要选择一两篇学生作文中差的作文或者学生习作中普遍存在共性问题的文章。在班上讲评时要告诉学生，哪篇作文写得好，好在哪儿。哪篇作文写得差，存在什么问题，可以怎样修改等。这样才能达到作文讲评课应有的效果。

当然，如果某次习作在学生习作中没有找到好文章，教师就要发挥示范引领作用，写好下水文，为学生树立榜样。

三年级起步作文如此重要！作为语文老师，就要在教学实践中不断总结教学经验，不断探索实用、有效的作文教学方法，并加以运用，上好起步作文课，使学生真的爱写、会写作文，也为学生们的精彩人生开个好头。

参考文献：

［1］徐初苗.作文素材三本账［J］.小学教学（语文版），2007（3）.

［2］徐海燕.小学中段习作教学指导策略研究［D］.成都：四川师范大学，2015.

［3］吴立岗.小学作文训练动机激发的策略研究［J］.外国中小学教育，1999（5）.

（此教学论文获江门市蓬江区2018年度教学论文评比三等奖）

基于提升写作素养的低年级绘本阅读实践研究

江门市范罗冈小学　邓慧雯

绘本阅读，作为低年级小学生读写能力培养的基准，能够激发学生兴趣。图文并茂和较为简短的小故事对于低龄化的学生，能够极大激发学生学习兴趣。注重学生学习能力的引导和宣泄，有助于营造一种氛围，更好地促进写作能力的培养。

一、绘本阅读在小学作文教学中的运用

绘本阅读对于低年级小学生而言，是读写能力提升的基石，其作用主要体现在以下三个层面：

1. 仿写能力的培养

写作主要考查的是学生的思维和语言能力，而写作素养的培养并非一蹴而就，需要不断地在写作时间和日常积累中进行有效提高。对于低年级小学而言，提高写作素养，主要应消除他们对写作的抵触情绪，调动积极性，从而降低写作在学生认知中的难度，让他们从潜意识中爱上写作。对于低年级学生而言，语文作文主要是仿写的训练，也就是对文章创作进行模仿，搜集好言好句，在仿写中激发兴趣，然后逐步提升至独立创作。绘本具有图文并茂及语言生动的特点，在众多素材中更受学生青睐，也是教师的首选。为此，笔者认为，教师应精心挑选绘本，选择语言和主题适合学生并能打好语言基础的绘本作为培养写作素养的基础。

2. 扩写能力的培养

写作素养的培养，一方面要从语言和思维意识上予以加强，另一方面也要对写作能力进行训练。为此，在掌握基本语言表述能力的基础上，借助绘本阅读的简短精练，要学会逐渐拓展，并积极引导学生转变固有思维，拓展思维，提升写作素养和能力。为此，笔者认为，教师应在绘本阅读过程中加强对学生

想象思维的培养，促进学生提高想象能力，将图片作为发散思维的蓝本，让学生将简短精练的文字，依托图片挖掘与拓展出更为有利的语言资源，并为学生的作文扩写训练提供载体。举例来说，《母鸡萝丝去散步》这个绘本作品的色彩非常鲜明，故事简洁又流畅，特别是绘本当中的图画内容非常值得拓展，因为文字并没有提到狐狸，而图画上有一只上蹿下跳的狐狸，于是教师可以以此为切入点，鼓励学生对这篇绘本进行拓展，让学生用自己的语言将自己的想象表达出来，提高学生的写作能力。

3. 续写能力的提升

学生写作能力的发展提高过程应该是循序渐进的，所以要逐层深入，螺旋式上升，这样才更符合学生的认知和发展规律。基于仿写及扩写的基础，学生语言能力和表达能力有所提高，便可以着重培养学生提升续写能力，从而拓展写作能力，进一步扎实写作能力和素养。举例来说，许多绘本作品在结尾部分都采用开放式结局，这种情况能够让学生根据故事情节延展故事、扩展思维，依据自己的想法，让学生通过观察图片和阅读文字来续写故事，增强学生的写作能力。举例来说，《爱心树》这个绘本是苹果树和男孩之间的故事；而《小王子》依然经典，在小王子和玫瑰之间的故事可以根据学生的想法得以延续。教师领着学生理解，并提出续写要求，让学生充分发挥想象力，更好地锻炼写作思维和能力。

二、基于提升写作素养，教师在教低年级绘本阅读中具体做法

对于低年级写作素养和能力的提升，笔者认为，教师依托绘本阅读主要的做法可从以下四个层面阐述。

1. 严格把控绘本资源，符合学生学习要求

教师根据写作能力和素质培养基本要素，即从描写、议论、写实、立意等方面综合考虑，从而完成对绘本阅读资源的把关。对于低年级学生来说，其写作能力的提升更多在于描写和写实。通过对绘本描写的理解，更好地理解绘本的立意，从而提炼文本内容和观点，并在此基础上，依据自己的积累从而简要使用书面文字表述自己对于绘本的看法和想法，这些看似"鸡肋"的阅读理解和内容凝练实际上是对学生语文素养培育，也是夯实写作能力的重要手段。因此在绘本阅读中，绘本的选择至关重要，也是检验学生写作、阅读能力的

基准。

举例来说，《小马过河》被收录在课本中，小马对于河水深度认知的模糊让它没有自信，也不敢自己去尝试。在许多低年级小学生中也存在这种现象，缺乏自信。在这种情况下，笔者认为可以以自信作为基准，推荐学生阅读《可以》。这个绘本中，喜多村惠塑造了一个一往无前、敢于挑战的形象，而以橙色作为暖色调，也是为这个"可以"的形象加深自信，从而成为《小马过河》中小马的一个榜样。而通过对《可以》的学习，给予学生场景，如果小马碰到"可以"将会发生什么故事或对话，从而让学生在理解的基础上，发散思维，作出合理的推理并用书面语言予以表达。

2. 强调综合写作能力的培养，着重分项

在写作素养的提升中，综合写作能力与全面发展是教师对学生的预期目标，但在教学过程中，也要提倡术业专攻、逐一击破的方式。举例来说，在绘本阅读的过程中，应将阅读和理解能力转化为学生的语言能力，并作为写作能力的基准。阅读是写作语言中不可或缺的一个环节，只有通过阅读更多优美的句子并加以理解，才能在运用的过程中更好地利用句子表述学生自己的情感。比如，《我想出去看看》课文中弯弯的小路、雄伟、宏观等形容词的使用，让学生理解其内在含义，从而将这种形容词在写作中更好地运用。如在写绘本观后感或感想的时候，引导学生自行将阅读绘本的感受用所积累的形容词在写作过程中加以使用，更好地完成写作任务，并调动学生的学习积极性。

三、着力挖掘绘本，让学生感兴趣和创设绘本

绘本资源以图文两条故事线索来充实故事，通过图文的双向理解进行分析，能够通过图文特点，让学生从生活中寻找类似情节，仿写主题。绘本《大脚丫跳芭蕾》描写了贝琳娜为实现舞蹈梦想，克服脚大的缺陷，永不言败，最终取得成功的故事。而这种兴趣特长的绘本对于小学生而言有极大共鸣。当前学生在课余时间学画画、学舞蹈，在学习过程中也会遭遇挫折，这种以自身实际情况作为素材，极易引发学生共鸣，能够创造出贴近生活的绘本文案。

小学语文教师在以绘本作为教学资源开展"读写能力"教学时，就应在教学过程中挖掘绘本的背后的意义，引导学生逐步自制"绘本"。只有这样，学生才能够明白"绘本"的价值与意义，从而开始自我创造，促进学生读写能力

的提升。

四、结语

在核心素养培养的契机下，对于小学语文素养的要求是注重思维的培养。写作作为语文学科贯穿始终的一个内容，如何培养学生的写作素养是当前教育形势赋予教师的重任。绘本作为图文并茂的文字素材，能够从色彩、内容、文字等多个方面吸引低年级学生的兴趣，为此，在低年级语文教学中，尤其是阅读和写作过程中有着不可替代的作用。

笔者认为，将绘本阅读和作文写作结合，能够从理解上降低写作难度，尤其为仿写和扩写提供依据，调动学生的写作思维，并能够进行深层次的研究，加强对写作的指导和引导作用，从而顺利运用绘本阅读，打好写作的基础，真正将低年级学生的写作带到入门水平，从而为今后写作能力的提高奠定基础。

参考文献：

［1］程玲慧.让绘本阅读与提升写作能力相得益彰——小学中年级"慧悦读"与写作能力的转化研究［J］.中国校外教育，2019（17）.

［2］马元静.浅谈如何运用绘本阅读提高小学低段学生读写能力［J］.好家长，2018（75）：203-203.

［3］许欣.试析绘本阅读在小学作文教学中的运用［J］.小学生作文辅导（上旬），2018（12）.

基于STEAM教育的小学科学课程研究

江门市范罗冈小学　邱素容

《小学科学课程标准》指出："小学科学课程是一门基础性、实践性、综合性的课程，强调科学课程与并行开设的语文、数学等课程相互渗透，促进学生的全面发展。"STEAM教育的核心特点是：综合性、实践性、体验性、实证性、开放性，与科学课程的性质十分吻合，不仅综合了物理、化学、生物、地理这四门学科的知识，更融合了不同学科的不同实践活动、体现不同的精神和内涵，可以认为是一种多元学科文化的融合创新，对小学科学的教学发展具有促进作用。

小学科学课程实施的主要形式是探究活动。因此，以《小水沟换新颜》为例，通过科技实践活动的形式，探究STEAM理念下具体的教学设计和实施过程，并深刻探讨其具有的现实意义。

一、以实践活动为基础形成学习目标

本课例以三年级学生为对象，设计为期一个月的《小水沟换新颜》的科技实践活动课程，该课程突破传统的传授式教学，注重STEAM教育中的体验性、实证性特点，从而关注学生在实践过程中的学习、理解和运用过程。以下为本课例的学习目标设计：

课例学习目标表

三维目标	内容
知识与技能目标	1.了解小水沟的臭味对人体呼吸道的危害； 2.了解小水沟的垃圾堆积容易滋生蚊虫、细菌等； 3.了解树叶腐烂需要微生物、适宜的温度与湿度； 4.知道工程设计需要分工合作，需要考虑多方面的因素； 5.掌握铁网、胶网、水泥板等材料的优缺点； 6.掌握建议书的撰写方法
过程与方法目标	1.通过活动学会总结思维导图，通过这种形式找出解决问题的最优办法； 2.通过具体现象的观察，能提出问题、作出假设； 3.通过收集查找资料、统计信息，撰写调查建议书； 4.通过分工合作、表达交流，讲述自己的结论并作出自我反思与评价
情感态度与价值观目标	1.能分工协作，接纳他人的观点，完善自己的探究； 2.培养学生关注身边问题、保护环境的良好习惯； 3.体验创新乐趣，激发学习兴趣，提高创造力； 4.在挫折与失败中，锻炼学生的抗挫折能力

二、以广域课程统整为教学内容

STEAM教育有相关课程、广域课程两种课程模式。广域课程打破了学科间的界限，通过活动促使学生在真实情境中学习各学科的知识，但对于教师如何寻求并打破学科之间的平衡，建立新的课程结构提出了挑战。本课例尝试采用被广泛使用的广域课程模式编排教学内容，通过活动形成连贯、有组织的课程结构：

课程结构表

课时安排	教学主题	教学内容	设计意图
课时一	我是小小观察员	带领学生观察校园，发现问题，通过讨论确立活动研究主题	通过观察"校园的春天"等身边事物让学生学习掌握观察、比较、分析的科学探究能力，引导学生提出可探究的"解决小水沟发臭"的问题
课时二	我是小小调查员	成立活动小组，分工讨论小水沟产生臭味可能的原因，制定调查方案，各小组开展调查活动，用统计的方法记录并处理调查的信息	通过引导学生分工协作，在调查的过程中训练"作出假设、制订计划、收集证据、处理信息"等科学方法，学会运用数学手段处理数据；培养学生的实践能力
课时三	我是小小设计师	根据查明的原因，学生将设计图稿画出来，并向全班介绍自己的设计思路	学生通过自己设计小水沟的图稿，主动去了解各种材料的性能，分析优缺点，掌握沟盖板的结构、性能等技术；学会运用工程学，根据树叶、果实、垃圾等大小设计网孔的疏密程度；在设计的过程中注重美观、实用，让学生在追求创新的过程中，体会创造美的乐趣
课时四	我为学校建言献策（一）	组织语言、表达观点，学会撰写建议书	让学生在完成探究活动的过程中，分享彼此的想法，要让设计方案落实，就要大胆地向校方提建议出来，因此教会学生撰写建议书的格式与方法；在写建议书的过程中让学生体会语言美
课时五	我为学校建言献策（二）	向学校领导建言献策，汇报研究成果并进行总结与评价	通过让学生大胆地向校方建言献策，锻炼学生的语言表达能力；设计"邀请清洁工阿姨说说校园内的改变""邀请家长说说孩子这段时间的改变""学生自评和他评"等环节，让学生反思自己的得失；培养学生细心观察、保护环境的意识及主人翁精神

三、以任务驱动增强学习动力

通过设计与任务解决相关联的一系列学习和实践活动，使学生经历有目的、有意义、能解决实际问题的学习过程。由于探究过程会出现如"小水沟的臭味由何而来""什么材料的沟盖板才最合适""改进沟盖板使其更实用"等问题，课程的开放性使学生和教师成为一个共同体，我们相互支持、相互帮助，为共同为完成一个目标而努力。

以调查问题为例，学生亲自采访清洁工："我每天都打扫三次放学等候区，因为最近落叶特别多，再加上雨天，又难打扫，还发出阵阵臭味。希望同学们也要注意不要把垃圾扔进水沟里，因为根本打扫不出来，只会引发更刺鼻的臭味。"了解清洁工阿姨的烦恼，学生会提出自己的疑问，阿姨也说出自己的设想，经过激烈的讨论交流后，学生纷纷表示以后不会乱扔垃圾，并马上分小组想方设法改进臭水沟，以减轻清洁工阿姨的负担。

同时，为了弄明白"为什么雨水多的季节小水沟会更臭"的问题，学生会尝试在家实验，通过观察、记录每天树叶在雨水浸泡下的变化，深刻了解落叶、果实等腐烂的过程。有一名学生是这样写感想的："第一天树叶开始吸水膨胀，后面几天开始由绿色变成墨绿色再变成黑色，树叶已经变得很软，感觉一点都不好，臭味一天比一天明显，我都快被熏晕了。但是我还是很喜欢这样的学习过程，我觉得非常有趣。"通过这样的一个个"任务驱动"激发了学生浓厚的学习兴趣，他们不断地发现问题、解决问题，增强了对相关领域进行学习研究的动力。

本次《小水沟换新颜》的科学课程设计将重点放在解决小水沟发臭问题上，跨越学科界限，让学生充分利用科学、技术、工程、艺术、数学等学科的知识解决问题，从多学科知识综合应用的角度提高学生解决实际问题的能力。同时，课程内容取材于生活，学生熟悉的课程内容能给他们带来亲近感，并能够激发学生的学习兴趣与好奇心，这样不仅是对学生学科素养的培养，更是进一步提升了学生的生活能力。因此，基于STEAM教育理念的教学模式在小学科学中是行之有效的。

参考文献：

［1］中华人民共和国教育部.小学科学课程标准［M］.北京：北京师范大学
出版社，2017.

［2］高云峰.创客与STEAM教育结合的实践［J］.力学与实践，2016，38
（1）：74–77.

［3］张秋萍.基于创客教育理念的小学科学教学设计与实践研究［D］.开封：
河南大学，2017.

我的教学设计

《多彩的活动》教学设计及设计理念

江门市范罗冈小学　　唐倚仪

一、教材分析

《多彩的活动》是部编版六年级上册第二单元习作，教材首先以图文结合的方式点明话题，引导学生回忆曾经参加过的丰富多彩的活动，打开学生的思路。激发学生联系生活实际，搜索相关素材，确定自己要写的活动，还要把活动过程写清楚，注意点面结合，写出活动中的感受和体会。

二、教学目标

（1）写清楚活动过程，将重点部分写具体。

（2）学习点面结合的写作方法，既关注整个活动场景，又注意人物的动作、神态、语言等细节描写。

（3）写出活动中的体会。

评析：三个教学目标表述清晰、准确、全面，涵盖了本次习作的全部要求。

三、教学重难点

1. 教学重点

写活动场面时，既要关注整个场景，也要注意学生的表现；学会用点面结合的手法把事例写具体。

2. 教学难点

通过事例来表达自己的感情，写清楚活动的体会及懂得的道理。

评析：这个重难点的确立非常准确，紧抓"点面结合"这个核心的方法，另外还兼顾了通过事例表达感情、体会、懂得道理这样进一步的要求。

四、教学过程

1. 激趣导入，明确写法

（1）同学们，我们一起来分享一组图片。（播放班级这一年来参加活动的图片）

（2）师问：看了这些图片，你想说些什么？

师：是啊，有趣的活动让童年更绚烂美好；好玩的活动让生活更多姿多彩！今天，让我们一起走进第二单元的作文——《多彩的活动》。（板书：多彩的活动）

评析：老师通过班级活动图片的播放，引发学生的回忆，引发学生的共鸣，开启他们的思路，拓宽他们的思维，激发他们表达的欲望。此设计作用极大！

（3）指名读习作要求，每生读一点要求，教师相机板书：过程清楚、重点突出、点面结合、体会深刻。（概括后齐读）

评析：老师注重引导学生细读习作要求，并进行总结、板书，这是写好作文的前提。

2. 回归课文，复习方法

（1）在我们本单元学习的课文中，《开国大典》就是写活动场面的，文章写了哪些场面？（群众入场、宣布成立、升旗鸣炮、宣读公告、阅兵式、群众游行）

（2）哪个场面你的印象最深刻？（学生自由说，说到阅兵式时老师就展

开讲）

（3）作者用了什么方法写阅兵式这个场面？（点面结合）

（4）出示阅兵式片段，点评体会。

（5）教师小结：课文首先详细介绍了受检阅的士兵排列出的各个方阵在阅兵式上的出色表现。这是"点"的描写。再从整体上写了受检阅部队经过主席台时整齐威武的情景，还写了人民群众看到人民解放军队伍接受检阅时的举动，用夸张的手法表达了人民群众对子弟兵的信赖和热爱的思想感情。这是"面"的描写。

（6）师：今天，我们就运用"点面结合"的方法来写写多彩的活动。

评析：引导学生回顾本单元学过的课文《开国大典》，对文章中点面结合的场面描写进行回顾、小结，层层推进、循序渐进，体现了以生为本的教学理念。

3. 比较例文，学写场景

师过渡：五年级时，我们进行了一次班际拔河比赛，同学们也写过这次活动，下面我们来看看两名学生的习作。

（1）先出示第一篇例文（《拔河比赛》片段，基本没有体现"点面结合"写法的），请学生评价一下这篇文章。

（2）出示第二篇例文（《拔河比赛》片段，"点面结合"方法运用得比较到位的），请同学们评价这篇作文好在哪里？

（3）综合学生意见，从以下方面进行引导：

《一场拔河比赛》有如下的"面"可以写：

——比赛场地的情况（设施、布置、环境……）；

——双方拉拉队的情况；

——场上观众的气氛（紧张的、欢乐的……）

——双方运动员的整体情况（身材、着装、斗志……）

还可以抓住如下的"点"作细致描写：

——裁判员严肃公正的表情；

——观众中个别学生的动作、神情、语言；

——参加拔河比赛的个别运动员的动作、表情；

——"我"的表现（"我"是观众中的一员时，以写心情、语言为主；若

"我"是运动员之一，则以自己拔河时的动作和心情感受为主）。

（4）教师小结：刚才同学们点评总结得很好，相信如果我们六年级再来写拔河比赛，大家一定会写得更好！

评析：这一环节的设计比较巧妙。通过两篇不同质量的文章的对比，让学生感受"点面结合"这种写法的妙处，同时，通过写法的小结，让学生掌握抓哪些"面"及"点"进行细致描写。

4. 学法迁移，描写活动

（1）师：同学们都信心满满的！刚才我们知道通过点面结合的写法可以把活动写得更精彩。那么我们现在放松一下，现场进行一个活动，叫一分钟拍掌活动。一分钟，你们觉得自己能拍掌多少次呢？依据是什么？

（2）采访学生，激起课堂气氛。

你预测你一分钟大概能拍几次掌？预测的依据是什么？

（3）进行拍掌游戏。

提醒学生注意：

①一边拍掌一边数数。

②还要关注身边同学的表现、反应。

评析：这个环节的设计是这节课的亮点！课堂上让学生亲身体验一次活动，不但让学生们有素材可写，还激发了学生们表达的欲望，一举两得！游戏前的采访，更是为后面的习作作铺垫，是课件老师的用心设计。

（4）采访学生们活动感受。

请问在一分钟内你拍了多少次？

你游戏开始前，你的心情是怎样的呢？

游戏过程中，你的心情如何？

游戏结束后，你发现你拍手掌的次数比你预期的多（或少），你的心情是怎样的呢？

（5）顺势而导，关注学生。

在游戏过程中，全班的表现是怎样的？你能描述一下吗？谁让你印象最深刻？

（6）小结归纳。

《一分钟拍掌活动》可以抓住三个"点"来写（老师、自己的心理变化，某一两名学生的心理变化），抓住"教室气氛"这个"面"来写。

评析：游戏结束后的采访更是有必要，老师特意又采访了游戏前采访的几名学生，让学生真实地表达了他们的心声：想不到自己一分钟内竟能拍出这么多次！学生们不但说出了自己的感受，有的还说出了他所关注的其他同学的表现，这些都是写作中很好的素材。看着学生们游戏结束后的兴奋、意料之外的表情及接受采访时的滔滔不绝，我就知道学生们一定能写出有真情实感的好文章来。

5. 课堂上练笔，分享点评

（1）让学生课堂上进行小练笔，200字左右，把活动过程写清楚。

（2）展示学生作品。

评析：课堂上5分钟的片段写作，可以让学生把自己感触最深的游戏体验、感受记录下来，为接下来的写作作铺垫，这种做法很好。老师还不忘提醒学生要注意运用点面结合的写法来写活动，学生写得也很认真。从点评的三个片段，我们可以看出，学生基本用上了点面结合的写法，其中有一名学生还写得挺生动的，会用上比喻的修辞手法来写，看来，整节课的教学效果还是不错的。

6. 巧设标题，完成习作

（1）师：同学们，如此精彩的片段，你们准备给它起个什么标题呢？鼓励同学们尽量创新设计。

（2）课后，请同学们用作文本把作文写完整、写具体，并修改抄正。

评析：课后，让学生把文章写完整，就完成了本单元的一篇习作，进行了一次很好的训练。我们也相信，孩子们会写出精彩的文章。

《西游记之快乐绘图》（第1课时）教学设计

江门市范罗冈小学　唐玉艳

【教学目标和内容分析】

《西游记之快乐绘图》是本人根据广东省信息技术教材小学六年级上册Flash绘图工具的使用教学扩展的一节活动课。教学对象是小学六年级学生。它是教材关于Flash动画知识的铺垫，相关工具的使用贯穿整个Flash教学，是学生学习Flash动画的基础，也是形成学生"了解熟悉——技巧掌握——综合运用"这一合理知识链的必要环节。教材目的是让学生学会用工具箱的各种工具来绘制规则图形、不规则图形及对多个图像进行组合的操作。

本课作为纯粹工具的学习和使用，要想引起学生的兴趣，就必须按照学生的需求和兴趣设计活动内容和目标。在信息技术教学中，如何跨学科融合，如何培养学生的人文、艺术、审美等素养，培养协作和创新能力，也是我在设计课程过程中要重点考虑的内容。

基于此点，我才设计了这一课时，目的在于进一步让学生掌握画图功能的使用，同时培养学生的创新能力，提高学生的信息素养和处理信息的能力；进而唤起学生对自然、生活的体验，激发其情感，能较好地与别人交往与合作，拓展学生的综合能力。因此，这节课是整合美术教育、信息技术教育和中国古典文学教育的绘图知识教学基础课。

【学生学习状态分析】

单就内容而言，对已掌握了一定画图操作技能的六年级学生来说通过努力是可以完成的；但是根据因材施教的教学原则，我在教学中对不同程度的学生提出了不同的要求，使不同程度的学生在适合自己的目标面前都能通过努力达到目标。在评价中根据坚持多元化、不同角度的评价方式使每名学生都能感到自己的进步和不足。通过我的观察和了解，我提供给学生的素材是他们平时喜欢的动画或卡通人物，素材涉及面比较适合学生的年龄和心理健康发展的要求，他们对这个活动内容有浓厚的兴趣。

【教学策略】

1. 教法阐述

本课主要采用的教学方法有"任务驱动法""创设情境法"等。信息技术教学大纲明确指出：知识及技能的传授应以完成典型"任务"为主。因此，本课采用建构主义理论指导下的主体式教学模式。通过学生已经受过的美术教育和信息技术教育（课程整合），创设一个动画人物的情境（创设情境法），设置一个个任务（任务驱动法），我在以往的教学中经常强调对问题的结论要先假设，再通过实际操作得出结论并进行验证，因为这是一种进行科学探索时经常使用的方法和思路，实际的效果也很好，注重了对学生的思维、方法的培养和锻炼。让学生对作品进行命名，说明设计意图，在一定程度上可以锻炼学生的分析归纳能力；贴近信息的加工、表达与交流的实质；让学生运用已学知识和新任务的提示，自己尝试操作，使教学内容合理流畅，水到渠成。教学中，启发、诱导贯穿始终，充分调动学生学习的积极性，注意调节课堂教学气氛，并通过思维导图的导学单给学生一些温馨提示。

2. 学法指导

学生的学法是"顺着故事情节，以分镜头的方式开展任务——有兴趣地准备解决任务——尝试探究操练——自己归纳总结思维"的过程。

建构主义学习理论强调以学生为中心，要求学生由知识的灌输对象转变为信息加工的主体。因此在本课教学过程中，巧妙设计，让学生带着一个个任务，通过激励、相互交流合作、实际操作等方式，自主或合作探索，自主学习重难点知识，让学生通过自己的动手操作和思维导图的提示帮助自己完成研究，或通过与同伴交流，与教师切磋，大家一起讨论或教师适当作个别指导以帮助学生解决问题。让学生自我展示、相互激励，体验成功；使学生在完成任务的过程中不知不觉实现知识的传递、迁移和融合。

一、教学目标

1. 知识和技能

学习使用Flash工具进行规则图形和不规则图形的绘制，掌握绘制方法，并学会组合对象。

2. 过程和方法

通过《西游记》故事情节的展开，教师的引导与学生自主探究、恰当地结合，注重学生探究性学习的开展。

努力尝试发现问题与动手动脑探索研究解决问题的途径和方法。

3. 情感、态度、价值观

（1）能较好地与别人交往与合作，让学生自我展示、相互激励，体验成功。

（2）努力提高学生的信息素养和处理信息的能力。

（3）激发学生对中国古典文学的热爱。

二、教学重难点

1. 教学重点

（1）不规则图形的绘制。

（2）混色器的巧妙使用。

2. 教学难点

对象的组合。

三、教学准备

（1）多媒体课件。

（2）学生操作所需素材。

四、活动过程

（一）情境创设，引入新课

通过《西游记》动画片主题曲的播放，引入Flash动画的概念，"让静止的图画动起来"，为教学活动创设情境。

老师：同学们，刚刚播放的是哪部动画片的主题曲呢？

学生：《西游记》。

老师：是的，《西游记》是中国古典四大名著之一，讲的是唐僧师徒四人历经九九八十一难，去往西天取经的故事。

老师：我们知道，"动画"包括了两个字："动"和"画"，让静止的画面运动起来，便形成了动画。所以，构成动画最基本、最重要的要素是：画面。今天，我们一起来学一学，如何用Flash绘图工具来绘制我们需要的画面场景。

我们一起来看看《西游记》中"三打白骨精"的故事梗概：

话说，唐僧师徒四人去往西天取经。历经重重艰难险阻。唐僧乃肉体凡胎，难以识别妖怪。白骨精瞅准时机，让唐僧对悟空产生误会。一怒之下，唐僧赶走了悟空。悟空赌气回到了花果山。想到师父对自己的种种误会，伤心极了。唐僧发现自己上了白骨精的当以后，非常后悔，并深深地思念悟空。而悟空呢，经常回想起一路上师父对自己的照顾，晚上挑灯为自己缝补衣裳，不由得落下泪来。于是悟空又返回去寻找师父。最后，悟空救出了师父。师徒又重新踏上了西天取经的征途。

（二）新授

1. 第一个知识点：绘制不规则圆形

用"圆形/部分"选取箭头工具绘制不规则图形。

教师以"悟空难过得心都碎了"来演示不规则图形的绘制。

老师：这个故事，老师用拍摄剧本的方式，将故事情节分成了四个脚本，第一个分镜头脚本为：

分镜头1：

唐僧赶悟空走，悟空非常生气！难过得心都要碎了。
工具：圆形——箭头（近大远小的构图）

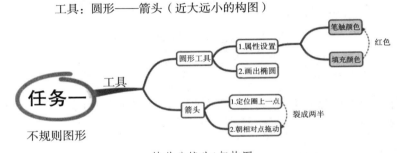

情节分镜头1架构图

老师：请大家仔细思考，我们这次要画的破碎的心是属于规则图形还是不规则图形呢？

按照导学单的提示，请学生完成任务一。5分钟后，老师要邀请学生来演示。

教师：要注意构图的要点：近大远小。所以同学们在打开任务一的时候，要先运用变形工具将悟空的图形适当缩小。

学生演示操作。教师同步讲解。

操作步骤：

（1）单击椭圆工具，画出一个红色的椭圆。

① 选择"部分"选取箭头，选中红色椭圆，在椭圆边框出现了很多绿色的小点。

② 用"部分"选取箭头拖住其中一个小绿点向着正对面移动，然后松开鼠

标，完成破碎的心的绘制。

（2）请学生以小组为单位，完成分镜头一的画面绘制。

（3）全体学生操作，教师指导。

（4）展示个别学生的作品。

2. 第二个知识点：混色器的运用

教师：出示分镜头2：

分镜头2：

唐僧明白自己上当后，非常思念悟空！

工具：混色器——位图填充

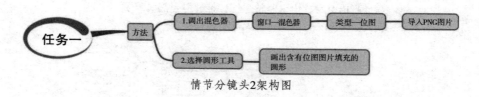

情节分镜头2架构图

老师：当你想念一个人的时候，用画面来表达的话，你会如何去表现呢？

请学生回答。"师父想念悟空！"（思念一个人的时候，我们通常会在脑海中浮现出这个人的声音容貌）

进入第二个知识点的讲解：

（1）教师演示并讲解。

操作步骤：

① 单击选定混色器，选中位图填充。

② 选择悟空的位图。

③ 选择圆形绘图工具，拖出一个带有悟空位图的圆。

④ 选择填充变形工具，用向上和向右的箭头对填充的悟空位图进行缩小。

（2）学生继续尝试操作。

3. 第三个知识点：组合、位图和矢量图的区别

学生分组，学号为1—25号的学生完成故事情节分镜头3的操作，学号为26—50号的学生完成分镜头4的操作。各小组成员可以小声讨论，协作完成，并请小组代表演示本小组的构思和具体操作。

分镜头3：

回到花果山后，悟空想念师父，并流下了眼泪。

（规则图形）工具：椭圆

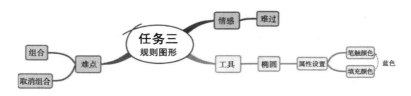

情节分镜头3架构图

（1）小组代表演示并讲解，教师辅助补充重点内容。

操作步骤：

① 单击椭圆工具。

② 选择属性设置，将笔触颜色设为蓝色，将填充颜色设为蓝色。

③ 拖放出一个大小适中的椭圆，微调成眼泪形状。

④ 选择椭圆，点击修改菜单，选择组合命令。（重点强调：组合的目的是为了将矢量图变成位图，方便进行整体操作。可以让学生比较组合后的图形和不组合的图形，在两种情况下进行相关操作，效果有什么不同，从而明白位图和矢量图的区别。）

⑤ 复制粘贴，调整合适的大小，将蓝色的眼泪排列至合适的位置。

分镜头4：

悟空出现救师父，身后万道金光。（还可以用五彩霞光表示哦）

工具：线条——变形——旋转30°——复制并应用变形

（注意要组合）

情节分镜头4架构图

（2）小组代表演示并讲解，教师辅助补充重点内容。

操作步骤：

① 调出变形工具，点击窗口，选择变形。

② 选择线条工具，在属性设置中将颜色设定为金色。

③ 选中线条，按快捷键Ctrl+G进行组合。

④ 选中位图线条，点击变形工具，在弹出的窗口中选择旋转角度为30°，点击复制并应用变形按钮。根据需要控制线条的数量进行选择、变形。

⑤ 将所有线条选中并组合。

（3）学生继续尝试操作。

（三）拓展任务

小小设计师活动：

教师：每位同学都是一个小小的设计师，请同学们根据自己的设想，利用老师提供的素材，为自己喜欢的动画人物设计有趣的动画情景。

在操作或构思过程中，我们可以根据自己的需求独立完成，也可以和身边的同学合作完成；学生操作，教师巡视指导，学生开始兴致勃勃地设计自己的作品。

四、评价反馈

展示学生优秀的作品，引导学生进行评价。

1. 作品的评价

（1）找个别学生介绍自己作品的名称、简要的情节和处理图像的方法。（自我评价）

（2）其他学生的评价。（他人评价）

（3）教师的评价。（教师评价）

学生在自我评价、交流的时候，其他学生也对作品发表意见，老师及时指出不是特殊效果的使用越多越好，而是要根据作品所要表达的主题选择合适的效果。

2. 评选"今日小明星"

（1）表现之星：勇敢自信地表现自己……

（2）发现之星：在活动中能发现小知识或操作过程中发现的小技巧并与大家共享……

（3）合作之星：能较好与他人合作（与他人合作或接受别人邀请合作都是一种能力）。

（4）鉴赏之星：能倾听别人的讲述（倾听是一种礼貌和尊重），并能客观地评价别人的作品。

（5）进步之星：与别人比或是和自己以前比较有进步。（老师在课下仔细看过大家的作品并结合学生的课堂表现，在下一节课前与大家共同评选出来）

活动记录单（在教室张贴）

活动名称 姓名 学号 今日明星	《西游记》		
	六（1）班	六（2）班	六年（3）班
表现之星			
发现之星			
合作之星			
鉴赏之星			
进步之星			

五、活动延伸

教师：《西游记》是我们从小听到大的故事，滋润着每一个中国人的童年，勤奋、进取、忠诚、团结等这些优秀的品质构成了我们的民族底色，正是有了这些优秀的品质，我们才能屹立于世界东方，才能在民族危难时奋勇争先，将我们的祖国建设成为现代化的强国。希望我们每一位小设计师都能讲好属于中国的故事，下一节课我们将继续西游之旅，在Flash的课堂上，继续讲述属于我们自己的西游连环画。

板书设计：

图形的组合　不规则图形　Flash绘图工具的使用　画面的构图　规则图形

主持人课题组研究成果精选

"五步式"单元整体习作教学实践研究

江门市范罗冈小学　赵艳蓉

小学语文单元作文教学应分五步进行，概括为"总、分、拓、仿、创"五个字。具体内容就是总体导读教学、分开各课教学、拓展延伸阅读、分课模仿练笔、进行单元创作。

一、总

总，就是总体导读教学。整体明确本单元的教学目标，是高效率、高质量地完成教学任务的前提。没有明确的目标，犹如"盲人骑瞎马"，到处乱撞，其结果是不堪设想的。因此在教学每一单元前，我们要根据教学大纲要求和单元教学的内容，统一确立教学目标，揭示单元主题，明确习作要求。现行人教版教材单元主题非常明确。在导入单元教学时，我们总是先放手让学生整体通读单元导读内容和每一项内容，并让学生主动从单元前的提示语段中理出单元读写训练主题，不仅清楚重点读什么，也清楚重点写什么，其目的就是让学生明确单元学习目标，把握习作具体要求，使学生在成为阅读的主人同时更成为学写的主人。比如，教五年级下册第七单元时，教师先引导学生整体通读单元内容，并提示："学习这组课文，我们在读写上主要应该抓住什么？关注什么？注意什么？"读后学生从单元导语中得到清晰的认知："学习本组课文，要感受作者笔下鲜活的人物形象，体会作者描写人物的方法，习得作者应用语言表现人物的方式。"同时，让学生结合单元主题，在脑海中呈现出这样的问题：这个单元编排了哪些课文，描写了一些什么人物，怎样的人物，课文是如何描写这些人物的。目的是让学生迅速置身于单元阅读情境，让写的视野聚焦于各篇课文，从而积极强化学生读学写的行动意识，以形成强烈的读写期待。

二、分

分，就是分开各课教学，教授方法。在教师带领下，依据单元教学目标，运用所学单元理论知识，引导学生分析、理解精读课文和略读课文，把所学到的理论知识付诸阅读和写作的具体实践活动。交给学生一把分析、钻研同类课文的钥匙，使之起到典型引路的作用。分课教学必须做到三点：①要突出重点，体现单元教学目标；②要落实知识，用课文印证单元理论知识，揭示知识的规律性和写作的特点；③要侧重指导学习方法和写作方法，"授之以渔"，引导学生掌握分析问题的途径和解决问题的方法，使之具备触类旁通、举一反三的能力。例如，教学小学语文第九册第三单元的两篇讲读课文《太阳》和《松鼠》时，我引导学生着重分析、研究以下问题：①两文是抓住了太阳和松鼠的哪些特点来说明的；②理清两文的说明顺序；③分析《太阳》综合运用打比方、作比较、列数字、举例子等说明方法和《松鼠》运用描写手法的不同；④分析两篇文章准确、简明的语言特色。结合课文实例，通过上述问题的分析、研究，落实说明文的有关知识，教给学生读写说明文的方法和规律，学生就会自学说明文，能力也由此得到提高。

三、拓

拓，就是拓展延伸阅读。群文阅读最主要的就是材料的选择和阅读方法的指导。阅读材料，一篇带多篇，课内几篇，课外多篇。语文教材是一单元一主题的，课内材料由教师提供，如教辅书《同步训练》《小学同步作文》《黄冈小状元》《七彩课堂》《课文全解》等均有同类文章，教师在分课教学后可利用课上多媒体投影等方式提供材料给学生集体阅读。课外材料延伸，则布置学生回家收集相关或同类文章进行阅读，各人阅读内容因此有了不同，避免统一阅读材料造成千人一面的现象。阅读方法的指导，主要有三点：首先，教会学生如何精读、略读、跳读。其次，教导学生学会整合信息，培养学生比较、综合、概括、归纳、筛选的能力。最后，教会学生运用语言文字的能力，如字词句的运用，表达方法的运用，选材构思立意的运用，等等。比如，我在五年级下册分课教学后进行群文阅读，或类比，或对比，明悟方法。将《刷子李》与《泥人张》《苏七块》群文互鉴，发现作家冯骥才擅长运用正面描写与侧面描写相结合展现主人公的风采，故事情节一波三折，引人入胜。再如，将《山中访友》与《鸟的天堂》对比阅读，可以很清晰地体察《山中访友》与众不同的写法：独特的视角，丰富、新奇的想象，拟人式表达，展现作者与山中的朋友亲密无间，人与自然和谐相处。

四、仿

仿，就是分课模仿练笔。每篇课文都有与众不同的地方，模仿就是从不同的课文情境中抓住不同的内容，捕捉不同的练点，触发学生表达的愿望。在分课教学当中，学生已经学会了表达的方法，在课外拓展群文阅读当中，学生的知识又得到了延伸，大量的阅读为学生的表达积累了素材，做好了铺垫。在此基础上，要求学生模仿课文进行单项小练笔，难度就不大了。比如，教学了《人物描写一组》后，就让学生任选一种描写人物的方法，或动作或语言或神态，写一个自己最想写的人物，着力于从单项入手训练学生练笔。由于学生从阅读情境中出，再从生活情境中来，加之教师倡导想写谁就写谁，想怎么写就怎么写，想写多少就写多少，所以学生参与主动积极。又比如五年级上册第一单元《落花生》，学完后要求学生模仿选写一种事物，写出其特点和精神，学生很容易就写出了蜜蜂、路灯、粉笔等类似落花生精神的事物，写得生动传神，寥寥几笔就可完成，困难不大，质量却高。

五、创

创，就是进行单元创作。单元阅读教学结束之时，也就是学生习作综合能力水到渠成、蓄势待发之时。可以说，学生此刻不仅拥有了丰富的单元主题习作生活的感受与体验，也拥有了围绕单元主题的大量相关知识的感性储备与理性积累，同时也拥有了多样备选的基本文字信息与具体材料。教师只要结合单元习作训练要求，顺势而导，由小练笔向大习作过渡，并进行适当点拨、提示与造势，学生就会不得不说，不得不写，并欲罢不能。这一教学流程是："创境引入（梳理教材习作要求）—例谈交流（即学生列举已有构思）—独立拟稿—点化再写。"最后一个环节就是在学生初稿写成后，通过两三篇有代表性的习作读评与交流，进行聚焦引领，强化习作要求，让学生在写中学写，不断接近单元习作基本目标。

教材是很重要的教学资源。如果我们能在单元整体观下发挥教材资源的整体优势和效能，将单元习作目标有意识地进行分步教学，在单元的系统教学中一以贯之，单元习作教学必定能举重若轻、花开似锦！

以读为载体提高学生写作素养

江门市范罗冈小学　叶伟清

"熟读唐诗三百首，不会作诗也会吟。"朗读对于写作的意义和作用显而易见。有学者指出："不读，是语文的百病之源"。在作文教学中有机地引入朗读，对于学生语感的形成及写作素养的提升，可谓一种行之有效的方法。

一、以读促写作意识培养

1. 重视朗读训练

汉语表音表义的特殊性，决定了掌握汉语必须学会掌握一定的朗读技巧和方法。朗读是学生直接感知语言文字的重要途经之一，通过认形、发音、思考、朗读完成了文字材料在学生认知系统中的内化。朗读训练的有效进行，将较扎实地培养学生的阅读兴趣和习惯。

2. 重视朗读过程中听力的训练

听的能力对学生的表达交流产生举足轻重的影响。在课内、课外多让学生读儿歌、故事、古诗，由简单到复杂，既训练了学生的听力，也培养了学生对文字素材的兴趣，为写作意识的形成做了扎实的铺垫。

3. 重视朗读过程中表达能力的训练

在学生读的训练之后，感知了语言材料，语言材料逐步内化为知识建构，学生就有了表达的素材和欲望，这时教师要及时引导学生学会表达，把自己的感受与体会表达出来，表达能力的训练要循序渐进，根据学生认知和年龄特点由词、短语、句到篇逐步进行。

只有在课堂上做到朗读训练、听力训练、表达训练，学生才能轻松地组织自己的语汇，为写作打下坚实的基础。

二、以读促课堂上作文能力提高

朱自清先生认为："要增进学生理解和写作的语文能力，得从正确的诵读教学入手。"在作文教学中辅之以朗读，可以有效提高学生对语言文字的敏感度和对语言文字的鉴赏和运用能力。

在课堂上完成作文后，教师让学生以朗读者的身份朗读并审视自己的作文。学生在朗读文章时，把书面语言变为有声语言，可以使书面、静态的文字立体动感。语感强的学生一读就知道哪里写得好，哪里写得不好，哪里需要修改。这有利于培养学生的语感能力，提高其对文章的感悟力。不仅可以自己读自己的作文，还可以同伴互读。倾听者听完后可以写下自己对同伴作文的意见。最后同学们根据自读感悟和同伴的意见进行作文的自查自改。

在这个过程中，教师可以引导学生养成良好的自查习惯，低年级可以针对自己格式是否正确，是否交代时间、地点、人物、事情等问题自查。高年级可以针对自己写了什么、内容是否有离题、句子通不通顺、词语搭配是否恰当等问题进行自查。

教师积极创设氛围，激发学生朗读的热情，引导学生朗读培养语感，通过朗读，引导学生自主修改作文，不断提升自身写作素养。

三、厚积薄发以读促写

诵读古诗对于提高学生写作素养有着重要意义，但它不应仅仅局限于朗诵和积累层面。古诗词是极其丰富的语文教学资源，它不仅蕴含着传统文化、民族智慧，还饱含着诗人的真挚情感、丰富想象，也体现着诗人独特的创作构思。我们在诵读经典的基础上，借助经典诗词指导学生学习作文，将诵读与写作有机结合，在诵读的基础上学习写作，提高学生作文能力。因此每周都开展经典古诗词吟唱，采取具有开放性和趣味性的方式开展经典诵读。同时教师还注重加强课堂延伸，鼓励学生利用课外时间进行自主经典诵读，开阔学生的文化视野，增加语文知识的储备量。

学生能把自己诵读的诗句运用于作文中，作文中会经常出现"黑发不知勤学早，白首方悔读书迟""慈母手中线，游子身上衣""春蚕到死丝方尽，蜡炬成灰泪始干"等诗句。文中贯穿古诗词名句，使其表现力如虎添翼。古诗词名句言简意赅，寓意深刻，以一当十，可唤起读者的联想与思考。要使文章有文采并有文化底蕴，这些能力的形成是必要的，而这些能力也正是语文素养的体现，随着年龄的增长、知识的沉淀，必将厚积薄发。它们对习作的影响是潜移默化的，是润物细无声的。

古人云："读书破万卷，下笔如有神。"读书可以使学生的语言"材料库"不断丰富，从而提高学生的写作素养。

自评互评，提升习作能力

江门市范罗冈小学　黄苑香

俗话说："三分文章七分改；文章不厌百回改。"语文课程标准中"关于习作的要求"提出："（中年段）学习修改习作中有明显错误的词句。""（高年段）修改自己的习作，并主动与他人交换修改，做到语句通顺，行款正确，书写规范、整洁。"可见，新课程改革是十分注重培养学生的修改能力及修改中的合作意识的。

传统的作文教学，一般都是重视写作指导，而忽视写作后的自我修改指导，作文批改大都由教师改，学生看评语，结果是耗费了教师精力，却不能激发学生对于作文评改的共鸣，学生的作文水平也就难以提高。

笔者经过多年的实践发现，让学生自主修改自己的习作，变被动为主动，有利于促进学生的思维，有助于培养和提高学生修改作文的能力，使表达、写作水平不断提高，让学生成为真正的学习的主人，大大提高教学效率。

当然，学习能力的形成不是一蹴而就的，要想培养学生自己修改作文的能力，提高学生写作的综合能力，教师就需要采取多种方式引导学生积极参与到作文批改中来，引导学生在合作中修改，让每一个学生在修改实践中体验到成功的喜悦。本人主要从下面几个步骤来指导学生修改作文。

一、教给学生评改的范围和标准

任何知识与技能的获得都需要有一个过程，为了让学生尽快掌握自评自改作文的方式和方法，笔者采取先扶后放的方式，首先给出一些评改作文的范例，同时给出评改的范围和内容，让学生对照着进行批改。在评改范围和批改标准方面，对学生提出以下要求。

1. 看格式是否正确

特别是应用文的格式。

2. 看书写是否整洁

要求字体美观、端正，书面干净、整洁。

3. 看是否有错别字

要求将错别字在原文处打上标记，并在旁批处写出正确的。

4. 看句子是否有语病

要求在病句的原文下画横线，在旁批中或原文中批改。

5. 看标点符号使用是否正确

强调句号、引号、叹号、问号、书名号的使用，错误的在原文中打上标记，在旁批处修改。

6. 看中心是否鲜明

要求中心要切合题意，内容要真实可信。

7. 看选材是否得当

要求围绕中心选材，符合生活实际，并具有典型性。

8. 看结构是否严谨

要求层次、段落划分清晰；结构完整，构思新巧，如倒叙、插叙等；段落之间过渡自然；前后是否照应，开头和结尾是否得体。

9. 看表达方式是否与文章体裁相符

要求能根据不同文体，恰当运用叙述、抒情、议论、描写、说明等表达方法；对事情有自己独特的观点或感受，能透过现象揭示本质；文句有意蕴，感情真挚，能让人回味，或引人发笑，或为之感动，或为之深思等。

10. 看语言是否简练准确

要求语言简练，不重复，不啰唆；语言顺畅；善于运用各种修辞手法，如比喻、夸张、反问、排比等。在表达得当的句子下面画波纹线等。

二、倡导多种评改方式

让学生评改作文的目的不仅仅是为了让学生发现自己作文的缺点，更重要的是让学生学会多种表达方式，习得写作的方法，提高作品的鉴赏能力。因此，笔者的作文评改更注重方式的多样性。

1. 自评自改

要求学生写完作文后，首先要朗读自己的文章。在朗读中发现增字、漏字、错字、别字、句子不通顺等错误时，做初步修改。修改后再次阅读，并对照评改的范围和标准，从结构、内容、中心、语言等方面审视自己的习作，找出文中应该改进的地方，再次自我修改。最后找出自己习作中最大的亮点，做自我欣赏。这种自我评改的方式打破了教师一个人评价作文的传统做法，让每个学生都参与到作文的评价之中，促进了学生主体性的发展。

2. 互评互改

在学生学会了自改的基础上，进一步引导学生以同桌互评或小组互评等方式进行互评互改。首先，要求对组内同学的作文互相讨论，共同修改。小组成员可对文章的格式、书写、标点、语句、立意、结构、语言、情感等各个方面进行评改并发表自己的见解，同时要求学生用删、增、调、换等修改符号作旁批。评改完毕后，小组长根据讨论结果对习作进行总评，并按要求拟定一个等次。被评改的学生则根据同学的评改意见再做一次自我修改。

学生在评改的过程中，无形中多了相互交流、开放学习的机会。每个人都有机会看到并学习到别人的长处，而别人的缺点、不足，自己也可以引以为戒。学生通过参与互评互改，取长补短，促进写作水平提高的同时，还学会了欣赏别人，尊重他人，倾听别人的意见，虚心接受别人的看法，使合作探究的意识在互评互改中得以发挥。

3. 集体共同评改

对于存在共通性的作文，笔者更喜欢指导学生进行集体评改。在评改前，教师先把学生的习作浏览一遍，选出具有代表性的两三篇文章，在多媒体上展示，让全班学生读后进行评议，提出修改意见。首先，让习作的作者谈自己构思作文的过程，其他同学听后可以向作者提出疑问，也可以谈自己对其习作的见解，大家各抒己见。其次，教师在聆听了学生的意见后，及时对学生的评价做出补充及点评，并有的放矢地把评议内容引向该次习作的训练重点，引导学生深入探讨，升华主题。最后，让全体学生根据课堂的评改意见，对照自己的习作进行修改。这种评改方式为学生搭建了个性发展的舞台，把课堂还给学生，充分发挥每个学生的主观能动性，同时充分挖掘了学生的潜能，发散了学生的思维。

三、重视评改交流、反思

仅仅评改是不足以提升学生的写作水平的，教师更要重视学生交流后的自我观照及写作反思。因为在指导学生互改互评后，要把习作发回学生本人，要求学生仔细看评改后的作文，既要看原文，又要看批语和改正的错字、病句等，再想想别人的作文有哪些优点是值得自己学习的。进行比照和自我反思后，引导学生在组内交流自己对该作文的感受或受到的启发，进一步修改自己的习作，使自己的写作能力得以提升。

实践证明，在作文教学中把评改作文的主动权还给学生，重视学生自评自改、互评互改等能力的培养，采取自主、合作、探究的学习方式创新评改方法，指导学生对自己与他人的习作进行评价、欣赏与修改，使得作文的批改与评价从"接受式、被动式"向"人本、民主、互动"发展，更能激发学生的主动意识和进取精神，更利于养成学生在写作时主动修改及与人交流的习惯，更好地促进学生写作能力的提升。

走出去，带进来，让作文教学充满活力

江门市范罗冈小学　李福幸

作文教学一直都是令语文界同人最为头痛的问题。对学生来讲，最难最怕的也是作文，很多学生听说作文就摇头，就害怕，甚至有很多学生提到写作文就愁眉苦脸、头痛不已。众多语文教师也在摇头叹气，尽管使尽九牛二虎之力，在作文教学上花了不少时间，但始终还是处于耗时低效的状态。究其原因，我认为这个头痛症的病因，主要是传统的作文教学忽视了小学生的年龄心理特点，忽视了学生的主体地位，缺乏趣味所致。因此要解决这一"学作文难，教作文更难"的问题，我认为关键是我们的作文教学要从学生的年龄心理特点和认识规律着手，激发学生的写作兴趣，变作文教学的单一性、沉闷性为多样性、趣味性。实践表明这种"走出去—带进来"的作文教学，唤起了学生的写作欲望，让作文教学变得轻松容易，是一种有着良好效果的方法，以下就此来谈谈我的几点体会。

一、解放手脚，激发兴趣

伟大的科学家爱因斯坦说过："兴趣是最好的老师。"兴趣能让人积极主动地去学习。正如"你可以把一匹马拉到河边，你却不能强迫它喝水"一样。习作是学生们用自己的心血浇灌出来的劳动成果，如果没有他们的主动参与，习作是不可能写好的。学生如果能对习作产生兴趣，视习作为乐事，作文教学就已成功了一半。

小学儿童是幼稚的，是天真烂漫的，他们好动、好奇，喜欢模仿，喜欢东摸摸、西碰碰，即便是小学高年级的孩子，若要让其光坐着而手脚不动也是很困难的。因此在日常的教学中，我通过引导学生动手动脚，用摸一摸、尝一尝、跳一跳、比一比、猜一猜、画一画等多种形式，充分调动学生各感官参与课堂活动，成功唤起学生写作的兴趣，让学生不再畏惧写作。

二、回归生活，丰富渠道

艺术来源于生活，作文同样来源于生活，生活是小学生作文取之不尽的宝库。单靠阅读书本获取信息是远远不够的，教师要引导学生放眼生活，留心周围的人、事、物，让多姿多彩的生活给他们提供无穷无尽的"作文源泉"，开阔学生的思路，让学生人人想写，并找到自己要写的内容。

1. 走出去

要提高作文的教学效果，首先就要改变把师生禁锢在课内、教师空泛指导、学生搜肠刮肚地凭空拟作的作文教学方式。教师要引导学生走到课外，在社会实践、生活体验、自然风光的广阔天地中学作文、写作文。

在教学写游记、参观记、活动、游戏及写景状物类的作文时，我就把"旅游点"作为指导写作的课堂。旅行时，让学生带上小本子，教师边带队旅行边引导学生记下游踪、沿途的见闻以及所感所想；有时把课堂迁移到植物园，让学生从种类繁多的植物中选取一种自己最喜欢的，像在美术课上写生似的，面对着活生生的植物，写出它的名称、外形、颜色、气味；有时又把课堂迁移到操场上，通过有趣的游戏、活动，让学生记下热闹的场面、气氛以及游戏、活动的经过……

从课内解放出来，把学生带到大自然中，带到生活中去，在观察玩赏中，既打开了学生认识世界的窗口，又为学生作文找到了活灵活现的、取之不竭的题材。

2. 请进来

基于各种条件的限制，不是每次作文都能把学生带到真实的情境中去的。这时，我们就要想方设法地把抽象的东西具体化，把学生淡忘的情景再现出来，以便更好地进行作文指导。

（1）实物显示情境。例如，在指导描写人物外貌时，我就请一男一女两位同学上讲台做模特，引导学生有序观察，并通过对比让学生们写出人物的外貌特点；有时为了避免写成千篇一律，我也尝试请同学们带来自己喜欢的照片，然后边指导边观察边写作。

（2）表演延伸情境。我国著名的小学作文教学专家贾志敏老师在介绍作文教学经验时提到，他时常给学生们"说戏"，通过融语言、音乐、美术于一体的表演是很容易把学生带进情境里的。

记得在一次想象文写作课上，想象《秋思》中描绘的画面，把《秋思》改写成一个小故事。我让学生们结合教师提供的故事背景、道具展开想象，在学习小组中表演出来。学生们边排边想，渐渐地进入角色。表演结束后，观察的同学纷纷提出改进意见。通过交流，大家加深了对故事的理解。随后，我就趁热打铁，要求学生把这个情景剧改写成小故事。学生们作文积极性高涨，连平时不爱作文的同学也写得言之有物，言之有情。

（3）实验体会情境。为了创设情境，在作文教学中我还突破语文学科的限制，横向联系美术、信息技术、综合实践等学科，把它们带进作文教学的课堂，把抽象的过程具体呈现，把复杂的过程简单明了化。

在一次题为《一次有趣的实验》习作指导课上，我提前跟上综合实践课的老师联系好，决定进行"小孔成像"科学实验。由于整个实验过程都是学生自己亲自动手，亲自经历，当进行写作时，学生们一反往常的愁眉苦脸，满脸兴致盎然，一下子扬扬洒洒对实验的过程进行了生动细致地描写，将实验的先后顺序写得十分明白，十分准确，言之有序，言之有趣。

（4）语言描绘情境。优雅恰当的语言，不仅能正确表达自己的意思，还能像春雨一样滋润人们的生活，像黄莺悦耳的鸣叫，唤醒孤寂冷漠的心。如果教师的语言具有感染力和带动性，那么学生就会在听课中不知不觉地被带进了情境。

如在进行读后感习作指导时，我先通过课件展示、音乐渲染对故事背景、人物事迹用语言精辟地分析，声情并茂地概要介绍，把学生带入情境，引发学生的内心感受，让学生有感而发；又如在续写训练时，我通过生动的言语描述帮助学生对现有情节进行理解，更重要的是这样能把学生带入情境，展开合理的想象，从而有利于续写情节。

三、坚持鼓励，乐享其中

心理学研究表明，缺乏激励的人自身的潜力可能发挥20%～30%；而正确与充分地激励，则能使人发挥其自身潜力的80%～90%。作文分数好比是学生作文兴趣的催化剂，为了延续学生的写作兴趣，让写作真正成为学生们的赏心乐事，在作文的评分上我坚持"鼓励"原则。在进行作文评分时，宜粗不宜细，宜高不宜低，实行高分政策。

小学生做事是喜欢成功的，即使做得很不成样，只要成人能认真地称赞几句，他们就会非常高兴，干得更来劲。因此我在作眉批时尽量做到好话多说，坏话好说，使学生从教师的批语中得到鼓励，享受写作的乐趣。

"知之者不如好之者，好之者不如乐之者。"要想作文教学取得良效，必须先让学生爱上作文。因此"从学生心理特征出发，培养学生的写作兴趣"是开展好作文教学的先决条件，"走出去—带进来"情境作文教学，以其丰富的内涵、多彩的形式、活跃的氛围使学生玩得开心，视作文为乐事，受到了学生的欢迎。

增强语言文字运用，提高语文核心素养

江门市范罗冈小学　何海霞

培养学生语文核心素养是语文教学工作的重要内容。每一位小学语文教师都应该充分发挥自己的专业能力，积极完成这一语文教学任务。同时，语言文字运用是培养学生语文核心素养的基础。小学生只有掌握了基本的语言文字，并且能够灵活地运用，才能够更好地提高自己的思维品质，增强审美鉴赏能力，从而更好地传承我国的优秀文化。因此，对于小学生而言，他们应该从小加强语言文字的积累，才能够更好地运用于生活和学习中，展现自己优秀的语文素养。

一、掌握语言文字运用方法

小学语文课堂要紧跟时代的发展而不断变化，不能仅仅停留在传统的传授知识层面，更重要的是要传授掌握语言文字运用的方法。简单来讲，小学语文教师在讲授一篇课文时，一定要着重分析作者语言文字表达的方法，加强学生对于语言文字运用的理解力和感悟力。然而，了解目前小学生阅读情况后发现，他们通常只能浅显地理解课本知识，机械性地记忆教师所讲授的内容。对于文中运用语言文字的方法，学生还没有更深的理解。这就要求语文教师在分析文章时，更要注重方法的渗透。

以小学五年级语文课本当中的《珍珠鸟》为例，教师引导学生自主梳理文章内容，并且概括文章大意，这是给学生锻炼语言表达能力的机会。当然，这只是走近课文的基础性环节。教师还要引导学生去发现作者如何来描写珍珠鸟，如何与珍珠鸟建立信赖关系，如何来表达对珍珠鸟的喜爱之情。例如，作者在介绍珍珠鸟的时候，就非常讲究动词的使用，一个"探"字用得非常准确而精妙。教师提问学生"探"字妙在何处，并且引导学生将"探"和"伸""钻"进行比较，从而体会出"探"的精妙，感受作者使用"探"的用意。作者这样表达，主要是为了能够更加生动地描写出小珍珠鸟当时胆小的样子。此外，"飞来飞去""晃动"等动作，将小珍珠鸟开心玩乐的样子描写得极为生动，也让人感受到小珍珠鸟和主人熟悉之后，胆子越来越大。所以，教师一定要注意抓住文中的动词，赏析小珍珠鸟的动作变化，从而引导学生逐步地感受随着小珍珠鸟与作者之间情感的变化，彼此之间的信赖也越来越深。所以，通过这种教学方式，教师也是在传授语言文字运用的方法，引导学生在以后的写作当中要注重动词的锤炼，从而更加生动地表现出自己写作的情感。当然，在其他文章中，作者也会巧妙地使用形容词和名词等，这些都值得学生去品析。总而言之，教师注重方法的传授，不仅让学生学会了品析文章的技巧，更能深入地感受作者的情感变化。在潜移默化中，学生在教师的耳濡目染之下，逐步地提高了语文核心素养。

二、设置语言文字运用情境

对于小学生而言，他们正处于好动爱玩的年龄。单调乏味的课堂教学方式难以激发他们学习语言文字的兴趣。教师学会在语文课堂上设置语言文字运用的情境，创造轻松愉悦的学习氛围，一定会有意想不到的教学收获。例如，在教学《桂花雨》这篇课文时，教师可以先借助多媒体营造一种欣赏桂花和感受摇桂花的氛围。通过这种氛围的铺垫，教师更容易带领学生走进《桂花雨》这篇课文，学生能更真切地体会作者的思想情感。教师还可以让所有同学轻轻地闭上眼睛，想象着桂花飘落在头上、肩上、手上的感觉，同时配上美妙的音乐。在这种浓厚的氛围之中，学生也更能够真切地感受到摇桂花的快乐。在这一环节之后，教师还要给予学生自由表达内心感受的机会。这也是在锻炼学生的语言运用和表达能力。在潜移默化之中，提高他们的语文核心素养。总而言之，教师需要充分地运用多媒体教学技术，根据不同的课文设置相对应的情境，营造浓厚的语言文字运用氛围，带领学生一起走进课文。

三、丰富语言文字积累

　　语文课要想能够有效地提高学生的核心素养，也要帮助学生不断丰富语言文字积累，灵活地运用语言文字。语言文字积累包括基础的字词句积累，也包括语言文字实践经验的积累。那么，关于如何丰富学生的语言文字积累主要有以下几种途径：一方面，教师要紧紧抓住语文课本。语文课本是学生积累语言文字的基础，也是积累语料的重要来源。每一篇课文都会有好词好句，这些都值得学生重点记忆和学习。教师引导学生将优美词句正确地运用于以后的写作中，使得文章更加精彩。以小学五年级课文《将相和》为例，作者在写廉颇和蔺相如之间的故事时，抓住了二人的动作和语言，表达了宽容的主题思想。所以，教师要启发学生学习这种写作方法。另一方面，教师也要帮助学生加强语言文字运用经验的积累。例如，每一单元学习完之后，都会有口语交际和习作练习。教师也要紧紧抓住这一部分，帮助学生运用所学知识进行口语交流。在口语表达练习的过程中，教师也能够及时发现学生语言运用的问题，并且给予解决对策。在写作过程当中，教师也能发现学生的写作优点和缺点，给予及时的写作反馈。最后，一切积累都需要长期的坚持和不懈的努力。教师在上课前的五分钟，可以和学生们玩一个词语积累的小游戏，寓教于乐，提高教学效果。

四、增强语言文字训练

　　要想真正地提高学生对语言文字的运用能力，一定要注重学生的实践和训练。只有在不断的实践过程当中，学生才能够慢慢地学会正确运用语言文字，感受到我国语言文字的无限魅力。关于增强语言文字训练的方式，也是多种多样的：①教师在分析完课文之后，可以融入适当的小练习。如仿句、造句、复述课文、讲故事等。教师可以根据课堂的节奏安排，选取恰当的练习方式。这样，教师能够及时地了解到学生的实际学习情况，并且进行科学地反馈和评价；②在课程结束之后，教师也要布置一些有关文字运用的家庭作业。例如，在学习完《珍珠鸟》这篇课文之后，教师可以让学生运用本节课所学的写作方法来写一写自己熟悉的动物。这就是在引导学生主动地观察生活中的动物，并且灵活地运用语文知识去写作，提高自己对语言文字的运用能力。对于优秀的作文，教师还要让学生自己大声地朗读给同伴们听，分享自己的写作心得。在这种浓厚的写作氛围当中，学生也会逐步地学习到写作的方法，更准确地去运用语言来表达自己的情感；③教师还可以举办一些有关语言文字训练的游戏和活动。如演讲比赛、故事比赛、诗歌比赛、小品比赛、猜字谜等。通过这些丰富多彩的语言文字活动，学生会情不自禁地参与其中，表现出浓厚的学习兴趣。总而言之，语言文字训练的方式多种多样，教师根据教学环节，可以采用与之匹配的方式。这样也能够让学生在快乐的语文课堂中轻松地学会语言文字运用，全面提高语文核心素养。

五、结束语

为了能够更好地贯彻落实小学语文新课程理念，教师一定要及时地关注教学改革动态，充分地发挥语文专业能力。教师采用正确的语文教学方法，逐步地提高学生的语言文字运用能力，展现出浓厚的语文核心素养。在平常的语文课堂之中，小学语文教师要学会设置特定的教学情境，激发学生语言表达的欲望，提高语文课堂的教学效果。教师也要教给学生语言文字运用的方法，帮助学生丰富语言文字积累，从而全面培养语文核心素养。

参考文献：

［1］陈振玲.浅谈提升小学语言文字训练的有效性［J］.教育教学论坛，2014（5）：85-86.

［2］计宇.小学语文核心素养的构成与培养路径［J］.教学与管理（小学版），2018（6）：40-42.

［3］吴阳.小学语文核心素养理念下的教学实践探索［J］.考试周刊，2017（30）：100.

《自然之道》教学设计

（部编版四年级下册第八课）

江门市范罗冈小学　谭美芳

一、教学目标

1. 知识与能力目标

（1）体会重点词语，理解课文内容，懂得自然之道的含义。

（2）初步了解概括主要内容的一般方法。

（3）培养学生的想象能力。

2. 过程与方法目标

（1）通过多种形式的阅读理解课文的主要内容。

（2）体会文中重点词语，感受自然之道的含义。

（3）通过对文本空白处的想象，使自己的想象能力与表达能力得以提高。

3. 情感态度价值观目标

通过了解课文内容，认识到要按照自然规律办事。

二、教学重难点

1. 重点

了解课文的主要内容，从中受到启示。

2. 难点

理解向导的话，体会文章表达的思想感情。

三、课前准备

电脑课件。

四、教学过程

1. 谈话揭题，初解"道"

（1）师：同学们，大自然气象万千，美丽无比，充满生机，也充满神秘。在这美丽的阳春三月，老师想带你们一起去旅游，走进大自然，去探索大自然的奥秘，好吗？

这节课我们就共同来学习一篇发生在大自然中的真实故事——《自然之道》（板书课题），请同学们齐读课题。

（2）师：读了课题，你们知道这里的"道"是什么意思吗？（规律）

"自然之道"指的是什么意思？（大自然中的规律）

2. 领悟"道"

（1）整体感知。这个课题的意思很深奥，我们读了课文会有更深的理解！请同学们读读课文，要把课文读通、读顺，特别难读的地方，可以多读几次。（生自读）

（2）学习第3-4自然段。

师：同学们，带着你的心跟作者一起上岛，看看一路走来我们在岛上看到了什么情景？（①出示课件："一只幼龟把头探出巢穴，却欲出又止，似乎在侦察外面是否安全。正当幼龟踌躇不前时，一只嘲鸫突然飞来，它用尖嘴啄幼龟的头，企图把它拉到沙滩上去。"②出示画面及文字：你们看，这就是发生在沙滩上那令人紧张的一幕，你能把描写这个情景的语句读给大家听吗？）学生读第3自然段。

指导朗读。理解"突然""啄""欲出又止"。这段话中有一个词语的意思跟它接近，找找！（生：踌躇不前）小幼龟的欲出又止，小幼龟的踌躇不前完全是有道理的，你看："一只嘲鸫突然飞来，它用尖嘴啄幼龟的头，企图把它拉到沙滩上去。"

师：你们了解嘲鸫吗？它是一种异常凶猛的海鸟，有时候甚至会攻击狗这样体型庞大的动物。试想一下，弱小无助的幼龟面对如此凶猛的天敌，处境多么危险，这个场面多么令人紧张、担心啊，带着这样的感受一起来读！（自由读，指名读）

师：面对的是同样的情景，"我们"和向导会有什么样的表现呢？

师："我"和同伴的态度是怎样的呢？

师："我们"焦急万分！而向导呢？（随学生回答，出示2：向导若无其事地答道："叼就叼去吧，自然之道，就是这样的。"）

师："若无其事"是什么意思？理解吗？谁来读读向导说的话？

师：向导所说的自然之道就是这样的，是哪样的呢？结合你的体会说说。

师：这就是向导说的"自然之道"，在他看来，这在自然界中是很正常的，难怪他表现得若无其事。你能读出来吗？

师：向导的冷淡，招来了同伴一片"不能见死不救"的呼喊！同伴们会怎样呼喊呢？

师：谁还能用自己的话来劝劝向导？

师：苦苦地哀求；发自内心地劝告；你对他进行了指责。

师：我们怎么忍心看着这一幕发生！老师请全体女同学读同伴说的话，全体男同学来读向导说的话，请一位同学来读叙述者的话。

（3）学习第5-8自然段，体会"我们"从震惊到懊悔以及向导的悲叹。

师：自然之道就是这样的，但在我们"不能见死不救"的呼喊声中，向导被迫接受错误的建议，做了一个错误的决定（出示课件），嘲鸫颓丧地飞走了。果然不出所料，悲惨的事情如同向导所说的那样发生了。目睹眼前的一切，我们感觉怎样？（极为震惊）从课文中哪些词语、句子让你感受到了极为震惊？并说说你的理解。自由读第5-8自然段，找到课文相应的句子。

预设：

① 抱走幼龟不久，成群的幼龟从巢口鱼贯而出。

② 那只幼龟被向导引向大海，巢中的幼龟得到错误信息，以为外面很安全，于是争先恐后地结伴而出。

③ 黄昏的海岛，阳光仍很明媚，从龟巢到海边一大片沙滩，无遮无拦，成百上千的幼龟结队而出，很快引来许多食肉鸟，它们可以饱餐一顿了。

④ 这时，数十只幼龟已成了嘲鸫、海鸥、鲣鸟的口中之食。

⑤ 不一会儿，数十只食肉鸟吃得饱饱的，发出欢乐的叫声，响彻云霄。

重点讲解："口中之食"这里的食物是什么？是一条条幼龟的生命。

呀！数十只幼龟就是数十条幼龟的生命呀！成群的幼龟就是成群的幼龟的

生命。

呀！成百上千的幼龟就是成百上千的幼龟的生命呀！数十只幼龟……成群的幼龟……成百上千的幼龟……

这是一个怎样的场面？

师激情描述：斑斑点点的血迹，支离破碎的尸体，这惨不忍睹的一切让人触目惊心，还有那奄奄一息的小绿龟，正艰难地向前移动，最令人揪心的是还没到大海就消失的一串串稚嫩的脚印。总结："我们"干了一件愚不可及的蠢事。（板书：好心办坏事）

⑥ 目睹这令人揪心的一幕，我们的心灵受到了强烈的震撼，我也听见同伴那呼天喊地的叫声，从文中找到这句话。

出示句子："天哪，"我听见同伴说，"看我们做了些什么！"

让学生不停地读，在读的过程中，评价：读出"我们"的后悔、自责、悔恨、痛苦、内疚、悲惨。"我们"只能做什么？（我们的向导赶紧摘下棒球帽，迅速抓起十几只幼龟放进帽中，向海边奔去。我们也学着他的样子，气喘吁吁地来回奔跑，算是对自己过错的一种补救吧）

⑦ 即便我们如此奋力拯救幼龟，也于事无补，不一会儿，数十只食肉鸟吃得饱饱的，此时听着食肉鸟饱食后发出欢乐的叫声，而我和同伴们低着头，在沙滩上慢慢地走。"我们"会想些什么呢？这时，"我们"有可能明白了什么？请你浏览课文。

⑧ 师：正像刚才同学们说的那样，这小小的幼龟，它们也有自己的一套躲避危险、防御危险的办法！可这样的办法却被"我们"给破坏了，"我们"干了一件愚不可及的蠢事！现在，我们再来回想一下向导说的那句话。（出示课件：向导若无其事地答道："叼就叼去吧，自然之道，就是这样的。"）你们还会劝告他吗？你还会哀求他吗？还会去指责他吗？我们一起来读读这句话！现在你对向导的话以及自然之道有更深的理解了吗？谁来说说。就带着你的体会再来读读这句话。

⑨ 师：此时看似平淡的一句话，却是那么意味深长！

师：此时的向导更加自责，（出示课件）其实在我们的生活中，也存在违背自然规律的事，你还了解哪些？

师：像这样的事例，其实都说明在不了解自然规律的时候，千万不能盲目行动，因为有时候违背自然规律，好心也会办坏事。

3. 内化"道"

（1）师：老师这还有几个小故事，想听听吗？

故事：《狼和鹿》《我要的是葫芦》《揠苗助长》《一个小村庄的故事》。

（2）如果你是作者，你会给文章加上一句什么样的结尾，给人们以启示。

4. 升华"道"

大自然的现象是十分复杂的，我们应该积极探索自然规律，遵循自然之道。大自然是最好的老师，它给我们人类上过的课的确很多很多。它总是以其独有的方式使我们感受到它的奇妙与深刻。让我们更好地去探究自然、了解自然，真正地与大自然和谐相处！

五、板书设计

9.自然之道

"我"和同伴：紧张→焦急→极为震惊→懊悔

向导：若无其事→极不情愿→悲叹

好心办坏事

《女娲补天》教学设计

（部编版四年级第七册第十五课）

江门市范罗冈小学　许维斑

一、教学目标

（1）认识"措""混"等8个生字。

（2）默读课文，能说出故事的起因、经过和结果。

（3）发挥想象，试着把女娲从各地捡五彩石的过程说清楚，说生动。

二、教学重难点

（1）了解故事的起因、经过、结果，学习把握文章的主要内容。

（2）复述女娲捡五彩石的过程。

（3）感受神话中神奇的想象和鲜明的人物形象。

三、课前准备

（1）收集女娲补天的资料。

（2）课件。

四、教学过程

1. 导入

师：在我们中国古代神话故事中有一位被称为"始祖母神"的女神，她曾经用自己的神力创造了人类、动物还有花草树木，让人们过上幸福的生活。大家知道她是谁吗？

生：女娲。（出示女娲资料）

师：说得对。今天我们来学习一篇关于她的课文，题目叫《女娲补天》。（教师板书课题）这是一篇独立阅读课文，谁能说说我们平时是怎样学习独立阅读课文的呢？那么今天我们就一起来学习这篇神话故事。

2. 初读课文，把握课文大意

（1）回顾本单元的学习方法。

师：在这之前，我们学习了两篇神话故事，分别是《盘古开天地》和《普罗米修斯》。谁还记得我们当时是运用怎样的方法来学习的？

生：通过默读，找出故事的起因、经过和结果。

师：你说得真好。是的，我们今天就用这种方法来学习《女娲补天》。

（2）师：请同学们默读课文，圈出课后的生字词，找出这篇神话故事的起因、经过和结果，然后在小组内交流。（教师边巡视边点拨，指出学生的问题所在）

（3）检查预习生字词情况。（出示本课的生词给学生读）

（4）请小组的同学上来说说故事的起因、经过和结果。可以是单人也可以是整个小组一起互相补充。其他同学在听的过程中要仔细、认真，随时提出自己的意见和建议，给同学作出评价。

（5）大家说得真不错，点评的同学也很出色。看来大家对故事的起因、经过和结果都非常了解了。那么谁能连起来把课文的主要内容说一说呢？

（6）说得真好。看来大家的概括能力有了进一步提高。

3. 交流课文神奇、触动自己之处，体会人物形象

（1）师：这篇神话故事有很多神奇的地方，总能触动自己的心灵。

一个对文字敏感的孩子一定能从作者的字里行间读出不一样的感受。下面请同学们好好地读读课文，边读边找出课文中你认为神奇的地方或者特别触动你的地方，圈出重点词句，然后在小组内交流，说说自己的感受。也请小组内的同学互相评价一下，还可以补充自己独特的意见。

（2）交流分享，想象画面，朗读体会，感受女娲形象。

① 句子：天上顿时露出一个大窟窿，地上也裂开了一道道黑黝黝的深沟，洪水从地下喷涌而出，各种野兽也从山林里跑出来残害人类。（出示相关图片，直观感受）

第一，天上露出大窟窿后会是怎样的情景？裂开的地面又会怎样？

第二，想象在这样的情况下洪水喷涌、野兽跑出来的画面。学生说完自己的想象后，教师播放相关画面，加深学生的印象。

第三，感受天上——露出大窟窿；地上——裂开深沟；洪水——从地下喷涌；野兽——跑出来残害人类。你仿佛看到了——（出示相关幻灯片）

师：此时人们的处境是怎样的？谁来说说？（多请几个学生说，体会当时人们生命得不到保障的危险）大家一起来看看当时的情景（播放相关动画，加深印象）。

② 句子：女娲担心补好的天再塌下来，于是又杀了一只大乌龟斩下它的四条腿，竖立在大地的四方，把人类头顶上的天空撑起来，这样天就再没有坍塌的危险了。

师：作为人类的母亲，女娲此时的心情是怎样的？

师：谁能用自己的话说说女娲斩乌龟，用乌龟腿撑住天的过程。

师：从这里你可以看出女娲有着怎样的精神？（有智慧，做事果断）

师：谁能读出女娲为人类造福的决心？

③句子：她奋勇杀死了在中原一带作恶的黑龙，其他野兽见此情景，吓得纷纷逃回山林，不敢再到处流窜残害人类了。

师：在你的印象中，龙是怎样的？

生：非常庞大。

师：怎样庞大？用自己的话来形容。（出示黑龙图）对，它就是这样庞大。要杀死这条龙，难度指数该有多高？女娲可能会遇到什么困难？（生按自己的体会自由发挥）

师：女娲杀死黑龙的目的是什么？（杀鸡儆猴）那么她的目的达到了吗？其他动物看见黑龙被杀，有什么反应？（吓得逃回山林，不敢再到处流窜残害人类了）

师：正是由于女娲有着非凡的神力及一颗爱民如子的母爱之心，让她可以排除一切困难，冒着生命危险为正义而战。读到这里，你读出了一个怎样的女娲？（勇敢，有智慧，不怕危险，甘于奉献）

师：你还找到了哪些句子能体现出女娲拥有非凡的神力？（句子：女娲把芦苇烧成灰，撒到水中，芦灰越积越厚，把喷涌洪水的地缝也堵住了）是啊，女娲果然不愧为"始祖母神"。

4. 发挥想象，说说捡五彩石的过程

师：神话有着它独特的魅力。在这篇神话里，"补天"是最为关键的。那么需要用什么去补天呢？（用五彩石熔炼成的石浆）

师：是的，可五彩石是不是到处可见、随手可得呢？在寻找五彩石的过程中可能会遇到什么困难？（路途遥远、洪水肆虐、野兽攻击）

师：面对这样或那样的困难，女娲是怎样做的？（日夜寻找，不顾安危）

师：五彩石在不同的地方那么难找，如果缺了一种怎么办？女娲有放弃吗？你认为她会怎么办？

师：谁能用自己的话说说女娲是怎样找齐五彩石补天的。（学生发挥自己的想象说，其他同学进行补充）

出示学习单：女娲是怎样找齐五彩石的课外阅读，让学生们默读，再次体会女娲为解除人民疾苦而不顾自己安危和劳苦的精神。

师：读到这里，此时女娲在你心目中的形象一定很高大，请大家拿起你手中的笔，写写在你心中女娲是一个怎样的神？（学生自由写，写完后汇报）是啊，难怪她被尊称为——始祖母神！

5. 回顾学习方法，总结提升

师：课文学完了，我们再来回顾一下这节课我们运用了什么方法来学习课文。

生：①通过反复地读课文，找出故事的起因、经过和结果。知道课文讲的是一件什么事；②想象画面，加深对课文内容的理解；③通过反复地朗读品味，感受女娲非凡的力量和高尚的品质。

师：是的，学习靠的是方法。在以后的课文学习中，大家也可以用这样的方法去学习神话故事，让神话植根于我们心中，让神话成为不朽的中华文化。

6. 作业

师：今天的作业是：①把女娲找五彩石的经过复述给家长听；②收集更多神话故事，并运用学过的方法进行阅读。

五、板书设计

女娲补天 ┬ 起因：水火相斗，撞断不周山
　　　　 ├ 经过：炼石补天
　　　　 └ 结果：天地恢复平静，人类获得新生

工作室主持人结对学员成果精选

《伯牙鼓琴》教学设计

江门市棠下镇横江小学　张彩莲

一、教学目标

1. 知识与能力

（1）学生能借助语言文字展开想象，体会艺术之美。

（2）学生能了解学习文言文的方法，积累常用文言。

（3）学生能理解《伯牙鼓琴》最后一句话。

2. 过程与方法

想象、小组合作。

3. 情感态度与价值观

体会朋友间知音难觅的情感。

二、教学重难点

1. 重点

（1）学生能借助语言文字展开想象，体会艺术之美。

（2）学生能理解《伯牙鼓琴》最后一句话。

2. 难点

（1）学生能借助语言文字展开想象。

（2）学生能理解《伯牙鼓琴》所表达的思想感情。

三、教学准备

课件。

四、教学过程

1. 开课导入：积累、背诵、讲故事

（1）同学们，你们已经学过了这篇文言文，能读一读文章吗？请控制好节奏。

（2）那我要考考你们，阅读、理解文言文，有哪些方法？（借助注释法）

（3）你们能借助注释再说说文章中这些常用词语的含义吗？这两行同学轮着来说，全班同学读句：

方鼓琴而志在太山：方：刚刚；志：心志。

锺子期曰：说。

巍巍乎若太山：若：像。

少选之间：少：一会儿。

以为世无足复为鼓琴者：

以为：认为。

足：值得。

"为"没有具体解释，所以老师借助古汉语词常用字字典查了一下：

为：读wèi，表行为对象：给、向、对。

所以，我们还可以通过查字典学习文言文。（板书）

另外，如果同学们能日积月累这些常用文言词语，将来就可以畅通无阻地阅读文言文了。

（4）会背这篇课文吗？注意节奏和感情，《伯牙鼓琴》朗读背诵也是学习文言文的方法之一。

（5）谁能用自己的话把这个故事再讲一遍？

2. 展开想象，体会音乐之美

（1）文字想象。

故事讲得真不错，能再发挥自己的想象，加一些细节会更好。（板书：展开想象）那我们一起发挥想象：

如果伯牙弹琴时想到明月，锺子期又会怎么说？分别填空，读：

巍巍太山

潺潺溪水

徐徐春风

夭夭桃花

伯牙志在_____，锺子期曰：善哉乎鼓琴，_____乎若_____。

伯牙志在_____，锺子期曰：善哉乎鼓琴，_____乎若_____。

（2）通过音乐想象春天的情境。

伯牙又弹起这首曲子。（播放音乐）伯牙想到了春天热闹的情境。锺子期仿佛也看到了春天生机勃勃的景象：（播放图片）小鸟——（在枝头歌唱），春风吹拂着柳枝婀娜的身姿；桃花——在溪边盛开，花朵落在了溪面上；小鱼——浮上水面与花朵逗弄……真美的画面，真美的音乐呀！

通过想象，我们从音乐中感受到了生机盎然的春天。所以，运用联想、想象，也有助于我们理解文言文。

（3）想象伯牙子期相知相伴的时光，体会伯牙的心情。

不管伯牙弹什么，锺子期都能想他心中所想，锺子期真是伯牙的知音，从此，他们由音乐结缘，相知相伴。春天，他们到河边——垂钓；夏天，他们到茂盛的树林里——听蝉；秋天，他们在菊花丛中——赏菊；冬天，他们在屋里——煮酒、下棋、读书，多么惬意的生活啊！伯牙能遇到这样一位知心朋友，伯牙心里情不自禁地说：_____

伯牙的心情是多么_____

（4）理解文中最后一句话，创设情境悟伯牙悲痛之心。

后来，子期死了。生读：子期死，伯牙破琴绝弦，终身不复鼓琴，以为世无足复为鼓琴者。

① 伯牙为什么要破琴绝弦，终身不复鼓琴？用文中的话回答：

以为世无足复为鼓琴者。

②（音乐响起）当伯牙弹琴想到巍巍太山，汤汤流水，皎皎明月时，有人听懂他心中所想吗？所以他"以为世无足复为鼓琴者"。

当他春天踏青垂钓、夏天听蝉赏荷、秋天赏菊、冬天下棋煮酒时，还有人陪伴他吗？没有！所以他"破琴绝弦，终身不复鼓琴"。

③ 伯牙最好的朋友——子期死了，他面对的只是一块冷冰冰的墓碑，此时此刻，伯牙的心情如何？你想对伯牙说什么？

……

我感受到了你们对伯牙失去知音的惋惜之情，知音已死，再也找不到子期这样的朋友了，真是知音难觅。（板书）

对于这个故事，李白和王安石也用诗句抒发了感慨：

锺期久已没，世上无知音。

故人舍我归黄壤，流水高山心自知。

教师总结：这就是"高山流水遇知音"的故事。后来，人们把真正了解自己的人叫作"知音"，用"高山流水"比喻知音难觅或乐曲高妙。愿同学们能遇到自己的知心朋友，珍惜人与人之间真挚的情谊！

3. 拓展

小组合作学习文言文《咏雪》。

通过这篇文言文，我们认识了俞伯牙、锺子期这两位朋友。接下来，老师带你们去认识一位新朋友：谢道韫。她是一个聪明的女子，聪明在哪里呢？请看文言文。

（1）请自由读文，把字词读准、句子读通顺。

（2）自己借助注释，理解句意。

（3）小组合作，解释句意。

（4）小组内互相讲一讲这个故事。

（5）小组交流汇报。

五、板书设计

伯牙鼓琴

伯牙　　　　　　　子期

知音难觅

《坐井观天》（第二课时）教学设计

（部编版二年级上册）

江门市荷塘镇篁湾中心小学　冯美凤

一、教学目标

（1）复习巩固生字、词语。

（2）有感情地朗读课文，并能分角色朗读。

（3）理解"坐井观天"这个成语的意思，初步了解文章的寓意。

二、教学重难点

1. 重点

通过理解重点词语"大话、无边无际、笑"，理解青蛙、小鸟形成不同观点的原因，初步理解这个成语的寓意。能分角色、有感情地朗读课文。

2. 难点

理解坐井观天这个成语的寓意。

三、教学过程

1. 谈话复习导入

师：小朋友们，上节课我们学了一则寓言故事，题目叫作《坐井观天》，课文中出现了哪两种可爱的小动物？它们在争论一件什么事呢？这节课我们继续来学习《坐井观天》。（板书课题）

师：（出示生字）上节课我们学过的词语宝宝迫不及待地想跟我们见面，我们跟它们打个招呼吧！（出示词语：开小火车）

2. 品析课文，感悟理解

（1）回顾第1自然段，弄清楚青蛙和小鸟的位置。

师：孩子们，你们还记得这篇课文讲的是哪两种小动物的事情吗？

生：青蛙和小鸟。

师：它们在争论一件什么样的事情啊？

生：它们在争论天有多大。（板书：天有多大）

师：你们能把青蛙和小鸟正确贴在黑板上的相应位置吗？谁来？（全班回顾：青蛙坐井里，小鸟在井沿上）

师：本来青蛙坐在井里（随机贴青蛙图片），小鸟在天上飞，它们是怎么遇上的呢？

（预设）生：小鸟落在井沿上找水喝，所以就和青蛙遇上了。

师：刚才那位同学说了小鸟落在井沿上找水喝，我不明白了，"井沿"在哪儿呀？谁来给我指一指？（课件显示一口井的画面）（学生上前指井沿）

师：哦！原来这就是井沿呀！你真有见识！（出示小鸟图片）谁来帮帮小鸟，让它落在井沿上。（学生在黑板上贴上小鸟的图片）

师：除了"井沿"你还能说说和"沿"有关的词吗？

师：哟！原来"沿"还能组这么多词啊，真棒！

朗读感悟，体会寓意。

①学生自由朗读第2-7自然段，用"＿＿＿"画出青蛙和小鸟的三次对话。

②学习第一次对话。

师：瞧！小鸟落在了井沿上（出示幻灯片），小青蛙看见有朋友来了好高兴啊，我们学着小青蛙的样子和小鸟打招呼吧！

（预设）生1：小鸟你好。

生2：小鸟，见到你真高兴！

生3：小鸟，你从哪儿来呀？

师：我听出来了，你是在问小鸟对吧！问得多好呀！我们学着他的语气一起来问问小鸟吧！（课件显示课文第2自然段的句子）（生齐读课文第2自然段）

师：小鸟快回答它吧！谁愿意当这只小鸟？（课件显示课文第3自然段中小鸟说的话）

（生站起来读第3自然段）

师：哦！小鸟飞了一百多里，多远呀！（出示幻灯片显示大海、沙漠、草原）小鸟飞过了草原，飞过了沙漠，飞过了大海才来到这里。

③学习第二次对话。

师：你们觉得青蛙相信小鸟的话了吗？请大家自由地读课文的第4–5自然段，用心地去体会吧！（学生自由朗读课文第4–5自然段，出示幻灯片显示第4–5自然段）

师：青蛙相信小鸟的话了吗？你怎么知道的？

（预设）生：青蛙没有相信小鸟的话，因为青蛙说天只有井口那么大，而小鸟说它飞了一百多里。（师随机板书：天井口那么大）

师：所以青蛙说小鸟是在说大话。什么是说大话呢？（生自由地说一说）

师：比如，现在我说"我一口气能把一辆卡车吹跑"，你相信吗？"我一只手能推动一列火车。"你认为可能吗？

生：不可能！

师：所以青蛙认为小鸟说的话是不可能发生的事。

（课件出示第4自然段中青蛙说的话）

师：大家能不能试一试、读一读，让你的同桌从你的读书声中听出不相信的语气来。（学生自由练读）

师：谁来读给大家听？（生1站起来读）

师：我听得出来，青蛙是不相信小鸟。老师想跟你比一比，欢迎吗？

生1：可以。

师：老师这回可找到对手了。大家当评委，请听。（师示范读了这一节）

生1：老师读得很有感情，又大声。

生2：从老师读的声音中，我听出了青蛙不相信小鸟的语气。

师：那你们想不想跟老师比一比呀？

生：想！

师：好啊！

（生齐读第4自然段）

师：小鸟看到的天空也是这样的吗？

生：不是，小鸟看到的天空很大很大。

师：孩子们，让我们也插上小鸟的翅膀，一起在天空中自由飞翔吧！（课件显示关于天无边无际的画面）

师：你刚才看见的天空是怎样的？

生1：天多大呀！

　　生2：天很美丽，也很宽广。

　　师：是呀，天很大很大就可以说天无边无际。（教师随机板书：天无边无际）

　　师：课文中小鸟说"天无边无际"；我们还可以说什么无边无际呢？

　　生：大海、草原、沙漠……

　　师：是啊，大海无边无际，草原无边无际，天无边无际，那青蛙究竟为什么说天不过井口那么大呢？我们来做个小实验。

　　师：请孩子们拿出准备好的纸筒，透过圆筒孔看黑板，说说平时看到的黑板与纸筒里看到的有什么不同吗？

　　（预设）生：平时看到的黑板很大，现在透过纸筒看到的黑板很小。

　　生：平时看，黑板有多大，我们就能看到多大，现在透过纸筒看到的黑板只有纸筒口那么大。

　　生：我们的视线被挡住，所以看到的黑板只有纸筒口那么大。

　　师：大家观察得很仔细，也善于动脑筋。那你们想想坐在井里的青蛙看到的天有多大？

　　生：坐在井里的青蛙说天不过井口那么大。

　　师：所以青蛙说天不过井口那么大。而小鸟飞过了许多地方，飞过了高山，飞过了田野，飞过了城市……所以小鸟说……（师手指大屏，生齐读"天无边无际，大得很啊！"）

　　④学习第三次对话。

　　师：请同学们自由朗读第6-7自然段。

　　师：青蛙听了小鸟的话后是什么表情？这里的"笑了"是什么意思？

　　生：嘲笑，它认为自己是对的。

　　师：青蛙为什么认为天不过井口那么大？

　　生：因为它每天坐在井里，一抬头只能看见天。

　　师：它觉得……（出示"我不会弄错的"）

　　生：我不会弄错的。

　　师：指导朗读"我不会弄错的"。你觉得这是一只怎么样的青蛙呀？师根据学生所说板书（如自以为是）。

　　（指导读出自信、肯定、自以为是的语气）

师：孩子们，我们再用这样的感情读一读第6自然段吧！

师：青蛙一抬头就看见天，你们也能用"一……就……"说话吗？

（预设）生1：我一起床就去跑步。

师：小鸟为什么"也笑了"？小鸟这时心里会想些什么呢？

生：因为小鸟觉得青蛙错了，很可笑。

师：那它是怎样劝告青蛙的？我们来读一读吧！

3. 教师引导，感悟道理

（1）师：孩子们，同样是一样的天，但小鸟和青蛙却看到了不一样的景物，你比较喜欢哪一个？

（明确：小鸟。小鸟在认识事物和看问题的时候，站得高、看得全面，而青蛙却只能看到事物的一部分，而且青蛙犯了错误还自以为是。所以看问题、认识事物，不要像青蛙那样自以为是，要像小鸟那样飞得高看得远）

（2）揭示"坐井观天"的寓意。

师：现在同学们再看题目，"坐井观天"形容什么样的人？（出示幻灯片）

（比喻眼界小、见识少。用来形容目光短浅并自以为是的人）

（3）说话练习。

师：假如有一天，小鸟把青蛙带出了井，带它来到了不同的地方（出示幻灯片），它看到了什么，并说了些什么呢？请小组讨论一下吧！

（4）分角色朗读。

师：孩子们，老师今天也带来了两个可爱的头饰，我想请两位同学上来扮演青蛙及小鸟，看看谁读得最好！

师：同学们，老师希望你们从小就多学知识，多读一些课外书，多出去走走看看，不断增长自己的见识，这样你才不会成为井底之蛙，而是一个见多识广的人。

4. 作业

这节课就上到这里，请看作业（出示幻灯片）。

（1）把《坐井观天》这个寓言故事讲给爸爸妈妈听，并和爸爸妈妈分角色朗读。

（2）用写话本继续编写青蛙跳出井口的故事。

四、板书设计

12. 坐井观天

天无边无际　　见多识广

天有多大?

天只有井口那么大　　自以为是

网络学员成果精选

《我们奇妙的世界》（第二课时）教学设计

江门市启明小学　谢 莹

一、教学目标

（1）有感情地朗读课文，能说出哪些事物是天空的珍藏。

（2）能结合生活经验，理解"一切看上去都是有生命的"这句话的含义。

（3）能仿照例句，写自己发现的普通而美的事物。

二、教学重难点

能结合生活经验，理解"一切看上去都是有生命的"这句话的含义。

三、课前准备

教学课件。

四、教学过程

（学习"天空"的部分）

1. 再读课文，理清脉络

（1）导入：同学们，通过上节课的学习，我们知道作者通过"总—分—总"的写法，从天空和大地两方面写出了世界的奇妙。这节课，就让我们走进文本，了解天空的奇妙，感受生命的力量吧！

（2）小组合作，完成学习单上的任务一。

①朗读课文第2-8自然段，用"＿＿＿"画出总起句。

②把事物的名字用笔圈画出来，组长按顺序填写学习单。

③小组代表汇报学习成果。

④提问：课文写了这么多事物，是随意排列的吗？那课文是按照什么顺序写的呢？你是从哪些词语看出来的？

⑤小结：作者是按照从早到晚的顺序来写出天空的珍藏的。

2. 自主合作，品味语言

（1）过渡：让我们先走进清晨，看看哪些词语让你感受到天空和太阳是有生命的？这些词语有什么共同点？

（2）句子对比：

句1：太阳就像一个大火球一样升起来了。

句2：太阳升起来了。

小结：用上比喻，突出太阳的特点。

（3）提问：你能想象日出时天空的变化吗？

①指名回答。

②欣赏日出视频。

③教师范读。

④指导朗读，全班齐读。

（4）小结：难怪作者说"这是一个奇妙的世界，一切看上去都是有生命的。"

（5）小结学习方法：找出动词、抓住特点、领会修辞、想象画面、有感情地朗读。

（6）小组合作，完成学习单上的任务二。

从第4-8自然段中的云彩、雨点、水洼、落日、群星中选择一个事物，按照刚才的方法，学习并填写任务单，并在小组内交流。

我选择的是＿＿＿＿＿，找出了＿＿＿＿＿等动词，还知道了作者用了＿＿＿＿的修辞手法，让它拥有了魔力，拥有了生命。

①小组代表汇报学习成果。

②指导朗读描写群星的片段。

③（预设：生汇报云彩片段）提问：你们能想象出云彩的哪些形状？它会去到哪里，会做些什么呢？请大家用这个句式说一说吧。

云彩的形状真奇妙啊！有时像_____，在_____；有时像_____，在_____……

（7）小结：正是太阳、云彩、群星这些魔术师不断地变着戏法，才让天空这个无边无际的舞台充满了奇妙，所以作者才会说"这是一个奇妙的世界，一切看上去都是有生命的。"

3. 拓展延伸，巩固运用

（1）在这个世界中，奇妙的事物是无穷的，只要我们去寻找，就能从普通的事物中找到美。你能从这些事物中或者你熟悉的事物中选一样，让它变得奇妙吗？完成学习单上的任务三。

写一写：从普通的事物中找到美，练写熟悉的事物，把它写奇妙。

写作提示：①可以用上"滚动""跳跃""跳舞""唱""探"等动词。②可以用上比喻、拟人等修辞手法。

（2）学生练笔，教师巡视指导。

（3）学生展示，教师点评。

（4）同桌之间根据下表的评价标准互评。

我挑战指数	评价指标	星级	同桌评价 （在相应的空格 内打"√"）
一级难度	能抓住动词，写出景物特点	☆	
二级难度	能抓住动词，运用修辞写出景物特点	☆☆	
三级难度	能抓住动词，运用修辞写出景物特点，表达自己的真情实感	☆☆☆	

（5）合作读诗。教师把课文中的"天空"部分改写成小诗，师生合作读。

附：小诗

我们奇妙的世界

清晨，

太阳升起，

像个大火球。

云彩，

变起了魔术，

噼噼啪啪。

雨后，

水洼就像有趣的镜子。

落日的余晖，

变幻着颜色。

黑夜，

群星闪烁。

（合）

这是一个奇妙的世界，

一切看上去都是有生命的！

（6）总结：同学们，艺术家罗丹曾说过，"生活中不是缺少美，而是缺少发现美的眼睛。"做生活的有心人吧，你们一定会有更多的收获！

五、板书设计

22.我们奇妙的世界

天空——从早到晚

发现美　表达美

大地

（该课获2019年江门市蓬江区"工匠杯"语文教学技能大赛特等奖）

"微生活、微习作"——谈谈小学语文写作教学

江门市范罗冈小学　蒋翠珠

一、引言

在自媒体时代，微信、微博等平台因为其个性化的编辑方式与便捷的交流方式受到了人们的喜爱，人们也乐于在这些平台上抒发自己的观点、用精简的

文字记录自己的日常生活。在这样的趋势下，中小学教学中的"微习作"应运而生。比如，北京市就尝试着将高考大作文拆解为"微习作"与大作文，浙江中考也尝试着在语文作文中融入微作文。然而，很多中小学语文教师对这些新模式缺乏实际的理论指导和教学经验。对此，本文将提出几点策略，以供参考。

二、小学语文"微习作"相关概念

"微习作"是伴随着网络时代而兴起的。按照习作的种类来分，"微习作"在生活与学习上都有不同的表现形式，生活上的微习作有博客、微博、微信；文体上的微习作有微小说、微散文；不同时代的微习作有唐诗宋词、寓言故事、谚语；等等。可见，微习作不是一个陌生事物，只是一种新名称。《辞海》里"微"代表了小、精、深等多种意思。顾名思义，微习作是指篇幅小、内容精巧的作文，只有1–2个段落。

新《小学语文课程标准》里，对三、四年级的学生写作开始有了字数要求，其中三年级小学生40分钟写作不得少于250字，四年级小学生40分钟写作不得少于350个字，五年级不得少于400个字，六年级不得少于500个字，而"微习作"对字数的要求是不超过200字，可见，在中年级开始微写作教学与该学段的学生写作要求十分契合，在创作"微习作"的过程中，学生必须将写作思维与生活巧妙联系，适合对学生习作表达、思维的日常训练，如果教师能够充分发挥"微习作"的特点，将为拓宽学生写作空间、拓展思维能力起到主要作用。

三、小学语文"微习作"教学策略

1. 寻找"微素材"，让学生"有米下锅"

在微时代，微博、微信成了人们获得信息的重要渠道。小孩子们也乐于玩手机，看资讯，喜欢和其他朋友交流这些新鲜的事情。虽然有些小学生并不是在交流与学习有关的内容，但可借"微写作"的学习任务，让学生在家长的陪同下健康、正面地接触网络，从自己的视角出发，捕捉时事热点。因此，在"微习作"教学里，要激发小学生对时事热点的参与热情，引导其从"我爱看"到"我爱写"。比如，最近关于疫情的消息牵动人心，钟南山院士奔走在科研一线，可以将这个作为素材，在语文课上引导学生谈一谈对钟南山院士八十多岁依然奔走在科研抗疫一线的看法。借助新闻热点引导小学生们主动讨论问题，升华学生思想品质。

2. 结合"微练习"，让学生学有所得

"微习作"练习应该遵循循序渐进的原则，按照一定的教学规律展开专项练习与综合培训，让一个个微小片段的学习为学生的作文训练打下基础。具体可以从教材内容出发，如教学小学语文四年级下册动物章节时，就有《猫》《母鸡》《白鹅》等多篇阅读材料，可以适时引导学生仿写微作文来练习，在仿写教学的过程中，教师要引导小学生在微作文里添加一些拟人描写的手法，为习作教学锦上添花。又如，在"微习作"教学中，可以展开专项练习，就"动作描写"来说，一位学生写道："我今天尝了一口生辣椒，辣得眼泪都流了出来。"这时教师可以展开有针对性地指导，让其描写更生动、有个性，在专项练习下，学生重新写道："早就知道生辣椒极辣，那天我好奇地打量了一会儿，挑了一根看起来最不辣的放入口中，刚入口有一种酸酸的味道，于是放心大胆地嚼了起来，忽然，嘴里像火烧一样，舌尖又麻又辣，我赶紧将辣椒吐了出来，大喝了好几口水。"在练习下，学生的微作文更生动了。

3. 学会"微分享"，让学生爱上创作

写作本身是一种创作，而创作者最开心的事情就是作品受到了他人的喜爱，所以，在语文"微习作"教学里，教师可以充分利用这些平台，给学生展示创作的机会。比如，让家长参与到学生写作点评中来，将学生的作品展示到微信群里，然后选出一些优秀的"微习作"作品给学生和家长欣赏，最后，由教师有的放矢地进行评价，大家提出修改意见，学生能够及时听取他人意见，做好习作反馈，以这种途径实现资源共享，让作文评价更加开放，学生在关注下也会自觉写好作文，希望得到同学、家长及老师的良好评价，激励学生不断进步。

四、小结

综上所述，微时代已经来临，在互联网上人人都可以发表看法、意见，并记录生活。因此，在小学语文教育中，教师也可以追求教学创新，采用"微习作"的教学手段，提高小学生的语言应用能力与思维水平，促进素质教育的落实。

参考文献：

［1］蔡淑娟.小学高段语文课堂微习作教学案例研究［D］.宁波：宁波大学，
　　　2018.

［2］王丽芳."小微"创"大美"——浅谈小学语文习作教学中的"微写
　　　作"［J］.新丝路（下旬），2016（12）：197.

［3］万艳.小学中年级"微习作"训练策略研究［J］.基础教育研究，2017
　　　（22）：33–34.

下 篇

工作室影响力

活动掠影

名师引领助成长，学员共行齐发展

——广东省黄佩华名教师工作室揭牌仪式暨专家讲座

淡淡初冬意未寒，暖暖向阳喜事多。11月27日上午，广东省黄佩华名师工作室揭牌仪式在范罗冈小学滨江校区举行。广东省教育研究院教学教材研究室教研员杨建国、江门市教育研究院副院长陈育庭、江门市教育局人事科科长刘宏伟、蓬江区教育局副局长杨泽华、范罗冈小学校长赵带显、工作室省级成员、市级学员、结对乡村教师及范罗冈小学行政代表、骨干教师等共50多人出席揭牌仪式。

范罗冈小学校长赵带显首先发表热情洋溢的讲话。赵校长对工作室的成立表示了肯定，承诺为工作室提供一切人力、财力、物力的支持，并希望黄佩华名师工作室能发挥名师示范、引领、辐射作用，把工作室办出特色，办出成绩。然后，工作室主持人黄佩华副校长发言。她首先感谢各级领导对工作室的关爱与支持，并对工作室前期的工作分四个方面做了汇报。主持人表示，未来三年，将与学员们以"共学共享，共行共长"的工作室文化理念为导向，努力建设充满教育智慧、具备教育魅力的名师工作室团队，为我省教育事业发展培养更多名师。

蓬江区教育局副局长杨泽华在讲话中对工作室工作提出三点要求：一是工作室要积极开发优质教育教学资源，推广教育教学成果，引领周围的教师共同进步。二是工作室学员要珍惜学习机会，不断提升个人的专业素养。三是工作室所有人员要切实履行好广东省教育厅赋予的职责，充分发挥示范引领和辐射作用，积极推动我市教育事业健康持续发展。 江门市教育局人事科科长刘宏伟从名师工作室建设的意义、名师工作室的引领示范辐射作用两方面发表了讲话，并且对工作室建设提出了几点建议：①工作室要通过送教帮扶、校际交流等形式，有效促进教师队伍专业化成长，整体提升江门地区小学语文教学的水平；②工作室学员要在更大的范围内、在更深的层次上发挥好示范和带动作用，为促进教育发展做出应有的努力和贡献；③每一位教师都要特别注重师德师风的修炼，以"四有"好教师为标准，不断提高师德素养。学员代表陈添盛老师在发言中表示，学员们都很珍惜这一次难得的、实现自我提升的学习机会，学员们会在主持人的专业引领下，努力做到同伴互助，共同发展，为本地区的教育教学事业添砖加瓦。

最后，广东省教育研究院教学教材研究室教研员杨建国做了讲话。杨老师在讲话中，希望名教师工作室能成为助力当地教师专业发展的重要载体，成为开拓创新和促进当地人才培养的新平台。杨老师向主持人提出期望，希望主持人能不忘初心，带领团队创建教育教学改革新模式，打造科研兴教的新引擎，建设人才培养的新阵地，搭建风采展示的新舞台，带出一支支有专业素养、有人格魅力、有教育情怀的新时代教师队伍。接下来与会领导、嘉宾一起为工作室揭牌。随着红布的拉开，掌声四起，这也标志着广东省黄佩华名师工作室正式启动。

出席活动的全体人员合影留念后，大家就移步到三楼的音乐厅进行专家培训。广东省教育研究院教学教材研究室教研员、广东省教育学会小学语文教学专业委员会理事长杨建国老师做了题为《根据年段的特点把握习作教学》的专题讲座。蓬江区各学校的语文教师代表都主动报名前来参加培训学习，共计有200多人聆听专家讲座。杨老师按照小学不同年段的习作目标和要求进行了详细的讲解和教学策略的传授。杨老师的讲座高屋建瓴，为老师们的思想注入了习作教学理念及不同年段教学正确策略的活水。

下午，工作室成员、高校专家曾毅教授做《核心素养导向的小学作文若干思考》专题讲座，精确剖析了传统小学作文教学问题，启发我们反思自己的作文教学现状。曾教授强调，小学作文教学必须贴近学生的生活，引导学生在生活中积累写作素材，进行多角度地观察，展开丰富的想象，鼓励学生不拘形式地、有创意地表达。江门市教育研究院陈育庭院长给我们带来《谈省级课题结题材料整理问题——基于一个真实个案》的专题讲座。他先以自身经历和教师专业发展需求阐述开展科研的重要性，并详细解读了广东省教育科学规划课题结题鉴定实施细则及鉴定材料格式要求，让与会老师清楚地知道省级课题结题材料包含的内容及整理资料的方法等。

活动最后，来自五邑地区的27名乡村教师与工作室全体成员、学员进行了结对证书的颁发仪式。主持人和江门教育研究院陈育庭副院长一起为他们颁发师徒结对证书。此次结对目的是为了充分发挥工作室的示范引领作用，让对子们在互带互帮中共同进步、共同成长，以实现优质资源共享、城乡教育均衡发展的目的。

广东省黄佩华名教师工作室的正式揭牌，标志着我们将从这里起航，不忘初心，砥砺奋进，让工作室成为名师的摇篮、教研的基地、交流的平台、辐射的中心！

（2018年12月13日）

路虽远，行则将至；事虽难，做则必行

——广东省黄佩华名教师工作室团队苏州专项研修培训总结

古宫闲地少，水巷小桥多。苏州不仅是一处人间天堂，更是一块教育宝地。2019年4月21日至26日，肇庆学院省级中小学教师发展中心组织了广东省2019年中小学幼儿园（含中职）名教师、名园（校）长、管理专家工作室主持人团队专项研修活动苏州行。中山、江门、阳江、肇庆、云浮5市共61个广东省名师工作室主持人及助手122人参加了本次强师工程活动。黄佩华名教师工作室主持人团队参加了本次培训活动。

培训的一周里，我们小学组一行38人先后参观了苏州市教师发展中心、苏州市的四所小学；聆听了由苏州市教师发展中心主任、江苏省人民教育专家培养对象、几位校长及苏州市"名师发展共同体"主持人所举办的8场讲座；吴地深厚的文化底蕴孕育了苏州温润而内涵丰富的校园文化，所到四所学校的办学理念、课程设置各具特色、精彩纷呈。他们在用不同的方式做同一件事——做真实有温度的教育，让师生过一种完整幸福的教育生活！

苏州市政府的民生工程——"苏州线上教育"通过网络课程直播、名师在线答疑等形式，全学段、全学科、全覆盖地为全市150万名师生及280万名家长提供线上免费教育服务，真正办让人民满意的教育，实在令人拍手称赞！苏州市有江苏省人民教育家培养对象25人、教授级中学高级教师122人、省特级教师348人、大市级名教师名校长622人、大市级中小学学科带头人2147人……这一个个数据，让我们震撼、深思。苏州教育之所以能走在全国前列，很大程度上是因为有这么一大批人才提供保障及示范引领啊！作为广东省名教师工作室主持人团队，我们深知肩上责任重大。

以后，在自己的专业成长及工作室工作的开展上，我们将会用吴门教育集团陈玮总校长的一句话——"推开虚掩的门"来不断鼓励、鞭策自己。路虽远，行则将至；事虽难，做则必行！

（2019年4月27日）

高效引领，共行共长

——广东省黄佩华名师工作室送教下乡（新会罗坑）活动

为促进城乡教育均衡发展，整合教育教学资源，充分发挥名师工作室引领、示范和辐射作用，推进小学语文高效课堂建设，深化小学语文课堂教学艺术的研究，2019年6月12日，广东省黄佩华名教师工作室应邀赴新会区罗坑镇开展"送教下乡"活动。罗坑镇、大泽镇、双水镇、崖门镇中心校相关负责人及罗坑小学校长及全体语文老师、罗坑镇兄弟学校约80多人参加了活动。

活动开始，首先由罗坑镇岭源小学的张凤仙老师执教三年级的课例《秋天的雨》。张老师拥有丰富的教学经验，她优美亲切的教态，循循善诱地引导，饱含感情地朗读，带领学生们一起徜徉在美妙的秋之雨中。接着由工作室学员陈美芳老师执教二年级下册课例《羿射九日》，整节课的设计独具匠心，陈老师用清新的教学风格引领孩子们多形式、多层次地朗读课文，让孩子们在不知不觉中感悟到神话故事的神奇并领悟人物的品质。紧接着，工作室主持人黄佩华副校长从语文核心素养的四个方面对两节课进行专业的点评。评课之后，黄佩华副校长为现场的老师带来了精彩的讲座——《小学生口才文才创新训练探究与应用》。黄校长分享了自己大量的亲身案例和一线教学做法，使在场的教师们深感敬佩的同时，也懂得了原来教学还可以有这么多种高效而有趣的做法。讲座结束后，罗坑镇中心学校余社炳校长进行了总结发言，他认为如此精彩的"送教下乡"活动对于所有听课者来说是一次难得的学习机会。他鼓励每一位教师认真反思，扬长避短，关注课堂，研究课堂，努力打造高效课堂，真正落实"以教促研，以研促改"的目的。

今后，工作室将继续开展送教下乡活动，将更多的教学经验分享给各兄弟学校，让教师们的视野更开阔，让工作室成员成长得更快，让小学语文更出色，让教育的明天更美好！

（2019年6月12日）

名家引领，千锤百炼立标杆；
统编简析，高屋建瓴促提升
——记全国小学语文暑期卓越教师培养工程深度研习活动

2019年7月14日至19日，广东省黄佩华名教师工作室全体学员及江门市范罗冈教育集团学校骨干教师参加"全国小学语文暑期卓越教师培养工程深度研习营"的活动，开启了卓越教师培养工程的学习之旅。本次研习指向儿童阅读习作教学和统编教材简析解读，分为"牧养儿童阅读能力，整本书阅读与群文阅读课程""丰富阅读教学内涵，大语文阅读课程""探寻文体独特神韵，中华戏曲教学课程与古诗文'吟唱'课程""经典阅读与童趣表达，情智语文阅读课程与习作教学课程""阅读课程开发'素读'经典课程与清华附小'1＋X'阅读课程""解读统编教材：聚焦中高段新教材培训"6个主题。

本次研习，15位名师嘉宾带来了11个各具特色的课例和14个主题鲜明的讲座。江苏省特级教师、杭州师范大学硕士研究生导师张祖庆老师以课例《动物小说导读》拉开了盛宴的帷幕，向我们展示了"预测"策略如何运用于整本书的阅读指导。深圳市名教师工室主持人李祖文老师则以课例《印象曹文轩》告诉了我们群文阅读的新概念——教师在一个单位时间内指导学生阅读相关联的多个文本，通过梳理整合、拓展联系、比较异同等，促使学生在多个文本阅读过程中关注其语言特点、意义建构、结构特征及写作方法等，从而使阅读由原来的"读懂一篇"走向"读通一类"。两位老师身体力行，为我们提供了课外阅读教学的优秀范例。

统编版教材增加了传统文化的篇幅，大会安排了三节令人耳目一新的传统文化教学课——浙江省绍兴市上虞区金近小学校长何夏寿老师用中华戏曲全新演绎《小猫钓鱼》，探寻文曲独特神韵；全国新生代名师戴建荣老师一如既往地风趣幽默，让学生在"平长仄短入声促"中吟唱《三衢道中》，感受依字行腔的古文之美；连云港市教育局教研室副主任马建明老师的《中国红》一课，从探究红色基因导入，通过一系列非联系性阅读材料，让学生感受红色文化的博大精深。

统编教材双线并举，人文主题突出，语文要素明确，教好不容易。苏州大学实验学校副校长张学青老师带来了一节富有人文气息的课例《腊八粥》，抓住"爱粥、盼粥、吃粥"这一线索展开教学，充分调动学生的语言储备，感受语言的魅力。上海市建平实验小学校长助理朱煜老师为大家展示课例《桂花雨》，通过品读句子中的关键字词，让学生感受句子的表达效果，用智慧让学生在自然生成中成长，一切水到渠成。南昌市东湖区小学语文教研员王露老师带来课例《我们奇妙的世界》，以"这是一个奇妙的世界，一切看上去都是有生命的"为切入点，引导学生抓住关键词语体验生命的奇妙，得到王玲湘校长的高度评价。南京市北京东路小学校长孙双金老师的深度教学让《景阳冈》焕发新的生命力，武松的形象也在吃酒、打虎、对话等场景中一点点立体起来。上海市松江区教育学院的谈永康老师用课例《将相和》教会学生如何有理有据地评价历史人物，把人文主题和语言训练有机地结合起来，达到"源于文本，高于文本"的教学效果。福州教育研究院教研员、写作教学名师何捷老师现场执教统编版四年级上册第六单元习作——《记一次游戏》，何老师通过"盲人雕塑"的游戏教给孩子们记录方法——记录"关键词"、记录"替代符"、记录"简笔画"。整节课，一改往日我们脑海里那种作文教学的刻板和沉闷，取而代之的是真切烂漫地交谈、深入浅出地讲解、循循善诱地引导、层层递进地推演。真正做到了写作不是为了交作品而是为了交流，目标在于激活童心写作的思维。

本次研习活动围绕统编教材展开，关键词是阅读、习作、双线、策略。张祖庆老师的《整本书阅读：教师应为与可为》报告质疑画地为牢的儿童阅读现状，强调儿童整本书阅读指导要"盐在汤中，不要水落石出"，要情理兼得，在教学中教会孩子多进行实践与表达。李祖文老师在《群文阅读的前世今生》报告中，一针见血地指出"伪群文阅读"现象，呼吁教师准确定位多文本阅读。张学青老师的《根深中国，花开世界——经典散文阅读课程的构建与实施》讲座，则从人与自然、人与社会、人与自我三方面寻觅精神成长的基因编码，对经典散文进行分类编排，以聚焦式的文化输入帮助孩子们增长经验，提振精神。何夏寿和戴建荣老师则分别从戏曲和吟唱两个角度展现了中华传统文化的魅力。

作文教学大咖管建刚老师和何捷老师的讲座干货十足，解读了统编版教材教学的核心理念——守正固本，能力优先，指向素养，他们用自身的成长经历和讲台经验告诉我们，比起写作兴趣，写作意志更重要；写作是一件勇敢的事情，要培养学生敢于写真话的勇气；要鼓励孩子写有意思的事，不要总要求孩子写有意义的事；要创造机会，给孩子的作文发表的机会，让他们学会与人交流，在作文交流中越写越好。我们还有幸聆听了上海市小学语文教研员薛峰的讲座《对统编小学语文教材中的一些概念、模块的认识》，他以教材为例，多维度地对文本进行深层次地解析，帮助教师们明晰统编教材的编排思路。

最让工作室学员们兴奋的是，我们工作室顾问之一——上海师范大学教授、教育部"国培计划"小学语文示范性培训项目首席专家吴忠豪教授这次也来了，作为压轴嘉宾，吴教授做了精彩的讲座——《统编小学语文教材与语文教学研究》。他从"统编小学语文教材特点、统编教材教学研究"两大板块展开论述，并结合三至六年级阅读与写作的语文要素进行解读，要求教师要深挖教材、更新理念，正确把握各年级目标序列，在实践中领悟方法规律，丰富学生的语言经验，强化语文课的表达训练，培养良好的习惯，把每一个细节贯彻落实到课堂教学中。教授的报告见解独到，案例丰富，表达精确，对每一位教师都有深刻的启发与思考。会后，吴教授与工作室全体学员一起亲切合照。

值得一提的是，我们工作室的学员吕洽源老师担任本次大会的主持。吕老师语言风趣幽默，大方地与教育大咖互动交流，睿智地调整会场的气氛。广东省黄佩华名教师工作室的学员能站上全国的舞台，给了我们工作室极大的鼓舞。

力尽不知热，但惜夏日长。七月的上海，我们和各地名师大咖一起，关注统编教材、关注阅读素养、关注朗诵技巧、关注传统文化、关注童趣表达。教育大咖们传经送宝，犹如指路之灯塔。愿我们都在灯塔的指引下，在教学沃土上深耕细作，共学共享，共行共长。

（2019年7月20日）

以"改课"促"课改"

——打造多声对话的小学语文课堂实践探究

11月28日，江门市新课程课堂教学观摩活动在江门市范罗冈小学举行，工作室主持人黄佩华面向来自全市各学校的参会语文教师做专题报告。江门市语文教研员吴华杰和台山语文教研员蔡惠芳、蓬江区语文教研员陈惠莺也出席了活动。工作室主持人黄佩华副校长在其《以"改课"促"课改"——打造多声对话的小学语文课堂实践探究》讲座中，从PISA（国际学生评估项目）和PIRLS（国际阅读素养进展研究项目）的测试题出发，阐述了为何要"改课"，国内外"改课"的成功案例，以及主持人及其团队在课堂转型方面的实践案例分享。

讲座受到了老师们的好评，在互动环节积极发言，杜阮木朗小学区淑华校长诚恳地邀请工作室到该校传经送宝。

"实"字当头，"做"而论道。广东省黄佩华名教师工作室不断地以行动践行工作室宗旨，服务教师，辐射资源，带动一方。

（工作室主持人黄佩华在江门市新课程教学观摩活动中作专题报告）

（2019年11月30日）

发声省高峰论坛，唱出岭南教育音符

11月25日至26日，由广东省教育厅主办，华南师范大学承办，广东第二师范学院、广东外语艺术职业学院协办的广东省新一轮（2018年—2020年）幼儿园中小学名教师、名校（园）长工作室主持人高峰论坛在华南师范大学召开。来自全省的400余名知名专家、地市教育行政部门领导、名教师、名校（园）长工作室主持人参加论坛。

论坛围绕"粤教育·粤精彩——唱响岭南教育流派"为主题，包含主论坛、9个分论坛和工作坊，邀请了30多名省内外专家，有70多名主持人在论坛上充分展示岭南名师、名校长风采。本工作室主持人黄佩华受邀在工作坊上分享工作室建设经验。华南师范大学教育学部郑海燕老师主持研讨，华南师范大学文学院周小蓬老师担任点评专家，上海师范大学附属中学余党绪老师作为特邀嘉宾出席活动。

对于如何利用学科特点创建"岭南名师工作室品牌"，主持人黄佩华以《"实"字当头，"做"而论道》，发出了岭南人的声音。工作室以"实"为本，追求工作室研修工作实干、实在、实效、实用。分别在"用人之道——活""治人之道——严""运财之道——清""育才之道——准"四个方面，从人、财、物、事角度出发，阐述工作室富有岭南特色的品牌打造之路。黄佩华校长的精彩发言得到了专家、同行的肯定。

过去一年，本工作室认真按照省文件精神，落实学员研修跟岗工作，做好辐射引领。为南粤大地优质教育奉献了青春和热血。新一轮439个名教师、名校（园）长工作室共招收入室培养对象3507人，其中，粤东西北培养对象2044人，占总培养对象人数的58%；珠三角地区工作室对口帮扶粤东西北地区招收培养对象531人，占总培养对象人数的15%；各工作室2018年共开展送教下乡、下基层学校活动1437场，受益乡村教师118435人。

正如主持人在发言中所说："道可道也，非恒道也。何以恒之？无我，利他！"这是我们工作室回应南粤教育发展号召的最强音。

（2019月12月3日）

广东省黄佩华名教师工作室赴云浮罗定送教

应广东省科技厅省级农村科技特派员重点派驻项目组邀请，2019年12月26日，在江门职业技术学院教育与教育技术系主任杨伟传教授和主持人黄佩华副校长的带领下，工作室骨干成员暨江门市范罗冈小学教育集团骨干教师远赴云浮罗定太平镇中心小学送教。

范罗冈小学教育集团旗下周郡小学的谭欢欢老师带去了新人教版一年级下册《找规律》这精彩一课。她教学设计新颖，课堂驾驭能力超强，教学语言精练简洁，体现了以学生为主的课堂教学模式。谭老师通过猜一猜活动，让学生自主发现规律，进而引发学生发现规律的欲望。在学生描述规律的过程中，引导学生规范语言，使学生自然而然地掌握了正确的描述规律。随后，谭老师让学生与同桌之间说说自己发现的规律。成果展示汇报，在生生之间、师生之间的互动交流中收获知识。开放式的练习设计，放手让孩子们运用所学设计新年贺卡，留给学生自主思考的空间。一堂精彩的课程就要结束，谭老师带着孩子们一起感受规律给我们生活创造的美！课后，大家欢聚一起，谈收获，谈建议，提及兴趣是最好的老师，并直接影响教学效果，本课设计情境，极大地激发了学生学习兴趣，并做到了大胆地"放"，教学风格独特，课堂调控得非常好，节奏紧松分寸拿捏得准。从新课开始，到课堂练习各个环节，都能及时让学生说出按什么规律来排列，整体上，大部分学生都能准确地说出规律所在，很好地突出了本课教学重点。

工作室网络学员、来自农林双朗小学的陈昊老师执教四年级上册小古文课《王戎不取道旁李》。她以生动、浅显、活泼的语言，通过带领孩子们通过闯关游戏的形式，一步步习得小古文学习的方法、诵读的奥秘及文中蕴含的深刻道理。课堂上，老师充分发挥了孩子们的学习主体地位，课堂气氛活跃，孩子们受益匪浅。最后，陈昊老师带领孩子们拓展阅读《世说新语》中另一篇小古文《孔融让梨》，孩子们在前半节课习得的方法，在这一小古文的学习中得到了充分地运用，达到了教是为了不教的目的。同时也让孩子们感受到了中华传统文化的无限魅力，从而产生了探索这一宝藏的浓厚兴趣。课后，太平中心小学的老师们和陈老师进行了亲密互动，老师们认为这节课上得非常成功，各种教学方法的使用让他们收获良多。上课班级的班主任老师还说，原来从来不举手的调皮捣蛋鬼，在这节课上竟然频频举手，让她深感意外，也让她由衷地佩服陈老师课堂教学艺术的魅力。

工作室主持人黄佩华副校长做专题讲座《以"改课"促"课改"》。黄校长从PIRLS国际阅读素养进展研究项目入手，分析教师课堂教学行为，提出一线语文教师要以课堂为主阵地，大胆开展课堂教学改革。在部编版教材全面铺开使用以后，我们的语文课堂应该如何加大阅读训练和语用训练，如何搭建大语文的课程意识，支撑这一系列课堂教学改革的基石，班级组织建设应该如何打造……这些问题，黄校长在讲座中以大量的实操案例和风趣的语言，生动形象地为来自罗平各乡镇80多位乡村教师精彩解读。当看到黄校长日常教学的各种"微改革"，看到她新鲜热辣的教学手记，看到她用爱心用智慧转变"课堂样态"而改变学生样态的神奇效果……罗定的老师们不断举起手机拍摄、记录。

最后，工作室主持人赠送了一批教师成长书籍给罗定市各镇的学校代表。大家纷纷表示，这样的扶贫送教是精准有效的送教。

（2019年12月30日）

工作室影响力

因材施教，甘为人梯孵化名师

"我猜鸟太太会借胡萝卜先生的长胡子来做晾衣绳……" "胡萝卜先生的长胡子还可以帮助固定被台风吹歪的大树……"范罗冈小学校本部三（1）班，黄佩华正在上阅读课。孩子们争先恐后地举手发言，童言稚语此起彼伏。这是一节以童话故事为读本进行预测的阅读课。下课铃响了，孩子们还依依不舍地围在黄佩华身边，分享着自己的畅想。

时而幽默风趣，时而庄严肃穆，与学生亦师亦友、亦慈亦严，是黄佩华的教学风格。她提出的"'三·全'语文"主张，着眼于学生的未来发展。

作为广东省名教师工作室主持人，对待学员她亦是如此，甘为人梯"孵化"名师，为学员搭建学习和发展的平台，与学员共学共长。

一、提出"'三·全'语文"主张践行"因材施教"理念

"在我的教学理念里，因材施教的材不仅指教学对象，还涵盖了教学同伴和教学资源，即教师和能力范围内所能掌控的一切教学资源，包括人力资源、课程资源等。"从教28年，"因材施教"理念一直根植于黄佩华的心中，并历久弥新，呈现了新的内涵。

黄佩华任教过小学各年级的语文课。不论是在哪个年级，黄佩华都很受学生们欢迎。三（1）班学生林月滢说："我非常喜欢预测故事，黄老师上阅读课总是带给我们许多乐趣。"六（6）班学生陈钟毓说："黄老师上课非常有趣，学生字时会让我们当小老师，上台给同学们讲故事。一开始我们都很害羞，现在大家都十分踊跃呢！"

黄佩华坦言："对于小学生来说，我认为教师传的道、授的业、解的惑不应只是有用的，还应该是有趣的。教师应激发他们学习的兴趣，点燃他们主动学习的欲望。"

基于因材施教的出发点，黄佩华注重课程资源的开拓利用和主动创新求变教育教学模式，她把每一节课都当成是"教育教学的实验场"。结合自己的教学经验，黄佩华逐渐提炼出"文本赏识法""扫视朗读法""放声朗读法"等阅读教学手段。在作文教学方面，黄佩华形成了"体验式"作文教学与构建"线索性"写作提纲相结合之路，丰富写作课程资源。

她还提出了"'三·全'语文"的教学主张，并落实在自己的教学中。三是目标，全是手段。三，即语文教师在学科教学中，应时时处处着眼学生的未来，从长远发展出发，着力培养学生三种能力（三个会）：会自主学习、会互助分享、会做事做人。全，是指以"全语文"理论（手段）为最优途径，达到这样的教学目标，通过"全语文"教学，把这三种能力的培养渗透到她语文教学的每一个环节中。

范罗冈小学青年教师张圣楠表示，黄佩华是自己的榜样。她说："黄校经常跟我们讲，'课堂是教育的第一战线'，她常常给我们上示范课，其行云流水的课堂是我们青年教师追求的目标。她还时常教导我们要多阅读、多赏识教育学生，她教会了我言传身教的重要性，是我学习的榜样。"

二、以教育集团为依托打造名师孵化地

2018年11月27日，广东省黄佩华名师工作室在范罗冈小学滨江校区揭牌并举行第一期跟岗研修活动。12月8日，范罗冈小学教育集团成立，成为江门市蓬江区六大教育集团之一。工作室以范罗冈小学教育集团为依托，整合多渠道资源，发挥名师引领、辐射作用，积极打造成为名师孵化地。

成立不久，黄佩华名师工作室便与范罗冈小学教育集团联合开展送教下乡活动，吕洽源、杨秋玲、梁小柳等多位工作室学员及教育集团教师，为恩平市那吉镇、沙湖镇的孩子们送去生动有趣的现场课堂教学，并与当地教师进行互动交流、教研，传授教学经验。

黄佩华说："工作室从学科、学校、学员的实际出发，开展工作室骨干教师跟岗培养工作，促进跟岗教师专业成长，实现'让骨干教师成名'和'让名

师更出名’的‘双名’目标，助推本地区教育优质均衡发展。”

"有思维导图引进课堂的研究，有翻转课堂的研磨，有群文阅读的切磋，有文本细读的探讨，有合作学习的深钻……跟岗研修内容丰富、形式多样，学员们获益良多。"范罗冈小学教导处主任、工作室助理杨秋玲老师表示，"我不仅是工作室学员，在刚结束的2019年第三期跟岗研修中，主持人还为我们提供了机会，培养我们作为省级乡村教师跟岗研修的实践导师，指导着一批学员，对我自身专业能力的提高也起到了很大的促进作用。"

为进一步扩大工作室的辐射力度，今年5月，范罗冈小学教育集团成员学校北苑小学，建成为黄佩华名师工作室研修基地。"名师工作室到集团成员学校开设研修基地是开先河的，工作室在研修基地开展各种研究活动，学员到成员学校上公开课、培训教师等，能进一步提升成员学校的师资水平，带动成员学校的教学质量进步。"范罗冈小学校长赵带显说。

在资源辐射建设工作上，黄佩华名师工作室还注重整合网络资源，与学员共享学习资源。黄佩华说："我们与27名乡村教师结成互助对子，并面向全国招募百名网络学员，为更多教师提供思想食粮。"此外，黄佩华名师工作室还与珠海、肇庆、云浮、广州等多地工作室主持人结成联合培养体，合力构建"个体与团体"资源共享式的培训团队。

名师出高徒。如今，黄佩华名师工作室中，有省、市级骨干教师学员11人。一年来，工作室开设各种交流送课、跟岗活动20多场，累计受培人数1500多人。工作室一年来发表论文6篇，论文、学科教学比赛获省市区级奖项15人次。学员李清清成长为台山市名教师工作室主持人，学员吕洽源成长为新会区平山小学教育集团名教师工作室主持人。

达己度人，黄佩华在她的工作岗位上践行着一位名师的责任。

（专访江门市范罗冈小学副校长、广东省名教师工作室主持人黄佩华）

后 记 ▶

　　广东省新一轮中小学名师工作室在2018年诞生。在上级领导的信任和培养下，我担任工作室主持人。这是一项非常有挑战性的工作，正如我在《"实"字当头，"做"而论道——探寻岭南特色名师工作室建设之路》中所说，从硬件建设到课程规划，从制度建设到文化建设，甚至到财务管理，都需要重新学习、适应。

　　在两年多的时间里，无数富有教育情怀的专家朋友们支持着工作室的工作。感谢广东省中小学教师培训中心王恩科主任和王红常务副主任带领下的领导班子团队，王红教授多次在论坛上的精辟发言，在疫情期间举办的网上直播活动，还有姚轶懿主任助理、韩裕娜主任助理的耐心指导与解答，让我们明晰了工作室培养的方向和奋斗的目标；感谢工作室分片对口院校肇庆学院的肖起清院长、曾毅院长、肖晓玛教授、洪清主任等领导专家的悉心指导，给予了工作室策划活动，落实文件通知等工作的大力帮助；感谢阮美好、郝洁等工作室前辈慷慨分享工作室建设经验，使得工作室初始运作即能稳妥推进各项培训培养工作；感谢市、区教育局分管领导多次到学校指导工作室建设工作，确保工作室软硬件建设的落实及每一次跟岗培训活动的大力支持；感谢范罗冈小学和北苑小学全体领导班子和老师们的鼎力支持，"工作室研修总部"和"工作室研修基地"为所有学员的业务进修甚至辐射本地区名师培养工作提供了最好的平台；感谢工作室成员团队的积极作为，使工作室的各项活动顺利落地；感谢我的家人对我工作的理解和支持，使我能够兼顾教学、管理、工作室培训和家庭。

　　点点文字，记录我们这个团队一路走来的印迹。限于学识和研究水平，有不够严密和完善、欠妥之处，恳请读者朋友批评指正，让我们做得更好。

黄佩华

2020年6月于侨乡江门